モチベーション・マネジメント

Motivation Management

榎本 博明 著

産業能率大学出版部

はじめに

いくら能力があっても、モチベーションが高まらなければ成果は期待できない。仕事でも勉強でもスポーツでも、何でもそうだ。成果は、能力とモチベーションの関数だ。

能力というのは安定的で、急に向上したり低下したりするものではない。明日から突然能力が高まったり、来週から飛躍的に能力が向上したりすることは考えにくい。だが、モチベーションは容易に変動する。ちょっとしたことがきっかけで、急にモチベーションが高まり、昨日まではまるで別人のように集中力を発揮して頑張るというのはよくあることだ。

成果を上げるには、地道に能力開発をすることももちろん欠かせないが、まずはモチベーションを高める必要がある。同じ能力でも、モチベーション次第で成果が違ってくる。ゆえに、自分自身を動かすにしても、組織を動かすにしても、モチベーション・マネジメントが成否の鍵を握るといってよい。

モチベーション・マネジメントは、ビジネスの世界で注目されているものの、ビジネス書やビジネス研修でも、個人的な経験に基づくものや特定の理論、しかも非常に古い心理学理論に基づいたものが多く、最新の心理学理論はほとんど考慮されていない。

組織リーダーとして活躍した人のモチベーション・マネジメント論は、経験に裏打ちされたものとして貴重だが、そこにはその人の人間性が深く関係しており、他の人が真似ても同じように効果があるとは限らない。むしろ、その人だからうまくいくといった職人芸的な側面が強い。

心理学理論に基づいた科学的なモチベーション・マネジメント論は、普遍的な人間心理を扱っているため、だれが用いてもそれなりの効果が期待できる。その意味では、個人的体験に基づくものよりは汎用性が高い。だが、世に出回っているものの多くは、1960年代から1970年代の古い心理学理論に基づいており、その後の膨大な研究の蓄積が活かされていない。

そこで本書では、古典的かつ基本的なモチベーション理論から、現在も研究が進行中の最新のモチベーション理論まで、心理学的な裏づけのある理論や視点を体系的に解説することにした。

第1章では、私たちの欲求に着目しつつモチベーション・マネジメントの基本について解説している。

第2章では、ビジネスの世界でモチベーションを扱う際に必ずといってよいほど持ち出されるマクレランドの達成動機理論を中心に解説しつつ、達成動機をいかに刺激するかという視点からの議論を展開している。

第3章では、X理論からY理論へという移行の中で注目された内発的動機づけについて解説するとともに、内発的動機づけをどのようにして刺激したらよいかを考える際にヒントとなる視点を提示している。

第4章では、内発的動機づけが注目されることによって悪玉視されがちな外発的動機づけを見直すことを試みている。外発的動機づけが内発的動機づけの芽を摘んでしまうという弊害もあるが、逆に外発的動機づけから内発的動機づけに移行していくこともある。現在のモチベーション・マネジメント論は内発的動機づけに偏りすぎているが、外発的動機づけをうまく用いることも大切である。

第5章では、成功や失敗の原因を何に求めるかという原因帰属について解説している。原因帰属の仕方には人によってクセがあり、どのような認知スタイルが染みついているかによってモチベーションが大きく左右される。タフな心も原因帰属のスタイルを整えることによってつくることができる。

第6章では、気分や感情とモチベーションの関係について解説している。日々の感情の動きがモチベーションと密接につながっている。ポジティブな気分や感情がモチベーションを高めることはよく知られているが、どんなことがポジティブな気分や感情につながるかを踏まえておくことも必要であろう。

第7章では、状況認知とモチベーションの関係について解説している。自分の置かれた状況をポジティブに認知すること、つまり楽観的なものの見方をすることでモチベーションが高まる。そのようなポジティブな認知の効用については広く知られつつあるが、楽観的になれず不安を感じることでパフォーマンスが上がる人もいる。楽観主義的な心の構えの効用だけでなく、不安をモチベーションにつなげる心の構えの効用についても知っておく必要があるだろう。

第8章では、自己認知とモチベーションの関係について解説している。ここではとくに自己効力感を取り上げ、自己効力感がどのようにモチベーションやパフォーマンスに関係するかを示すとともに、自己効力感を高める方法についても検討している。さらに、無意識のうちにモチベーションが刺激される自動動機理論も紹介している。

第9章では、とくに日本人にとって重要な意味をもつ関係性とモチベーションの関係について解説している。モチベーション・マネジメント論のほとんどはアメリカの研究をもとにしているが、自己決定を重視する欧米と違って、関係性を重視する日本では、モチベーションが人間関係に大きく左右される。

第10章では、目標管理によるモチベーション・マネジメントについて解説している。目標の困難度やフィードバックがモチベーションに影響することが指摘され、ビジネス現場にも目標管理が広く導入されつつあるが、まだまだ検討すべき課題は多く残されている。ここでは効果的な目標管理の方法について探るとともに、学習目標と業績目標を区別する理論を紹介し、学習目標の重要性についても言及している。

このように、本書ではモチベーション・マネジメントの背景となる理論や視点を体系的に解説している。効果的なモチベーション・マネジメントの方法を模索するのにぜひ役立てていただきたい。

目次

はじめに　i

第1章　欲求の階層に応じたモチベーション・マネジメント　1
欲求がモチベーションを左右する　2
個人の欲求の変化からモチベーション・マネジメントを考える　3
組織が提供できる報酬の行き詰まりからモチベーション・マネジメントを考える　6
どのような欲求があるのか　9
マズローの欲求の階層説　10
モチベーション・マネジメントの変遷　15
職務に対する不満と満足　17

第2章　達成動機を刺激するモチベーション・マネジメント　19
だれでも成長したい　20
達成動機とは　21
達成動機の水準により仕事への取り組み姿勢が異なる　23
達成動機の土台は幼少期に形成される　25

達成動機を高めるための教育訓練　27
達成動機と回避動機　28
達成動機の強い人と回避動機の強い人　30
接近システムと回避システム　33
達成動機の2側面　34

第3章　内発的動機づけによるモチベーション・マネジメント　37

X理論―アメとムチによるマネジメント　38
アメとムチではうまくいかない　39
Y理論の考え方　41
内発的動機づけの発見　43
内発的動機づけとは　46
高額な報酬の是非　48
外発的動機づけの弊害　49
報酬には2つの側面がある　52
罰金の逆効果　53
「やりがい」を感じる仕事　55
内発的動機づけを高める職務特性　56
内因的コミットメント　60

高業績サイクル　62

第4章　外発的動機づけによるモチベーション・マネジメントの工夫　65
外発的動機づけは悪ではない　66
内発的動機づけと外発的動機づけの中間地帯　68
自己決定理論　70
有能さ、関係性、自律性　74
内発的動機づけを低下させないような報酬の与え方　75
褒めればよいとはかぎらない　78
褒めることでモチベーションが下がる場合　80

第5章　原因帰属スタイルでモチベーションを高める　85
「指し手」と「コマ」　86
やる気のある人は自分のせいにする　87
ローカス・オブ・コントロール　89
内的統制型と外的統制型の特徴　90
原因帰属の2つの次元　92
失敗に落ち込むタイプとめげないタイプの認知の違い　95
タフな心をつくる原因帰属の再教育　97

第6章 気分や感情でモチベーションを高める 101

日々の気分がモチベーションに大きく影響する 102
感情とモチベーションの関係 103
認識・感情・モチベーションの相互作用 105
インナー・ワーク・ライフがパフォーマンスを決める 108
インナー・ワーク・ライフを形成する出来事 110
ハイ・インボルブメント・マネジメント 112
インプットとアウトプットの比率の公平感・不公平感 113
ネガティブ感情に発するモチベーション 115

第7章 状況認知でモチベーションを高める 119

同じような状況でも人によって反応が違う 120
ポジティブな認知 122
楽観主義者と悲観主義者の説明スタイル 124
楽観主義・悲観主義にもタイプがある 128
悲観主義がパフォーマンスを上げさせるとき 130
防衛的悲観主義者にはコーピング・イメージが役立つ 132
不安をモチベーションに役立てる防衛的悲観主義者 133

第8章　自己認知でモチベーションを高める　137

学習性無力感と環境に有効に働きかけることができるという感覚　138
自己効力感とは　140
自己効力感の高い人は目標を高く設定する　141
自己効力感がモチベーションを通してパフォーマンスを高める　143
自己効力感を高める方法　144
自動動機理論　147

第9章　関係性によってモチベーションを高める　149

とくに日本人で重要な関係性　150
職種固有のスキルだけではやっていけない日本的組織　152
日本的なモチベーション　153
自己決定理論は日本には当てはまらない部分もある　155
目標設定においても関係性が重要　158
上司と部下の関係性　161
関係性重視の日本的組織　164
期待することの効果　166
ダメージ症候群　169

第10章 目標管理によってモチベーションを高める 175

産業界に広まる目標設定 176
「最善を尽くすように」では伝わらない 177
重要なのは目標の困難度 179
目標設定の方法 182
目標の階層構造 185
フィードバックの効果 186
目標設定と評価の問題 187
目標による管理（ＭＢＯ）のプロセス 190
曖昧な目標の方が効果的なこともある 193
学習目標と業績目標 195
学習目標の有効性 197
接近・回避と達成目標 199

おわりに 201
参考文献 203

第1章 欲求の階層に応じたモチベーション・マネジメント

欲求がモチベーションを左右する

どうしたらモチベーションをあげることができるのか。それは自分自身の問題としても、従業員や部下の問題としても、非常に大きなテーマとなる。なぜなら、能力を存分に発揮できるか、それとも能力の大半を埋もれたままにしてしまうかは、ひとえにモチベーションにかかっているからである。

では、モチベーションをあげるには、どうしたらよいのか。

ある会社では、出来高制の報酬制度を取り入れることで、従業員のモチベーションをあげることに成功した。ただし、みんな自分の業績を上げることにばかり気を取られるようになり、当初は生産性が上がったものの、しだいに職場の雰囲気が悪化し、生産性も停滞し始めたという。このエピソードからわかるのは、私たちには経済的な報酬を求める欲求だけでなく、居心地の良い居場所を求める欲求があるということである。とくに人との関係性を強く意識する日本人にとって、職場の雰囲気や人間関係はモチベーションを大きく左右する要因となっている。

別の会社では、従業員の不満を聴き出し、ひとりひとりに当事者意識をもってもらうことの必要性を実感した。言われたとおりに動けばいいといった雰囲気がモチベーションを低下させているようだった。そこで、個人の裁量権を拡大し、仕事のかなりの部分を担当者に任せるというやり方にシフトすることにした。すると、これまで受け身に動いていた従業員たちも主体的に動くようになり、生産性が向上したという。このエピソードからわかるのは、私たちには主体的に動きたいという欲求があり、人から指示されたとおりに動くだけでは満足できない部分があるということである。

このように、モチベーションについて考える際には、その背後にどのような欲求があるのかを見抜く必要がある。満たされていない欲求は何なのか。どんな欲求の不満がモチベーションを阻害しているのか。自分自身の問題であっても、従業員や部下の問題であっても、そこのところをはっきりつかむことが必要である。

そこで、まずは私たちがどんな欲求をもっているのか、どんな欲求に突き動かされているのかについてみていきたい。

個人の欲求の変化からモチベーション・マネジメントを考える

人々が求めるものは時代によって変化する。

物質的に貧しい時代には、生活の安定や経済的な豊かさへの欲求が仕事への原動力になった。そのような時代なら、雇用や収入の保障が働くモチベーションにつながった。

だが、今はそのような時代ではない。せっかく就職できた会社をすぐに辞めてしまう若者が後を絶たない。高卒の5割、大卒の3割が早期離職しているという。早期離職とは、就職後3年以内に辞めることをさす。

「こんなはずじゃなかった」「思っていたのと違う」と言って辞めていく。言われていた給料と違うというわけではない。給料以外の何かが思っていたのと違うというわけだ。安定的に給料がもらえるというだけでは満足できない。何かもっと別の欲求が働くモチベーションにつながる時代になっているようだ。

新入社員を対象に、社会生産性本部・日本経済青年協議会が毎年実施している意識調査によれば、会社選択の際に重視する要因として、かつて1位だった「会社の将来性を考えて」の比率が年々低下の一途をたどり、それに代わって「自分の能力が生かせるから」と「仕事がおもしろいから」の比率が上昇し続けた結果、これらが他を圧倒して1位と2位を占めている。

2014（平成26）年度の新入社員のデータをみても、1位の「自分の能力が生かせるから」が31％、2位の「仕事がおもしろいから」が22％で、この2つが2大要因となっており、3位の「福利厚生が充実しているから」の10％に大きく差をつけている。「会社の将来性を考えて」は、かろうじて5％を超える程度に過ぎない（図－1）。

このような会社選択の際に重視する要因の変化には、時代の特徴が如実に反映されている。物質的に豊かになったために経済的要因の比重が低下したということに加えて、IT革命により人々のライフスタイルも産業構造も絶え間なく変化するため将来のことなどわからないという事情もある。会社の将来性などといっても、それは今予想されることにすぎず、ほんとうに将来どうなっているかなどだれにも予想できない。そんな変動の激しい時代には、会社の将来性より、今そこが働きがいのある会社なのかどうかが重要となるわけである。

もちろん収入がなければ食っていけないわけで、生活の糧を得るためというのが働く理由として最も基本的なものであることに変わりはない。

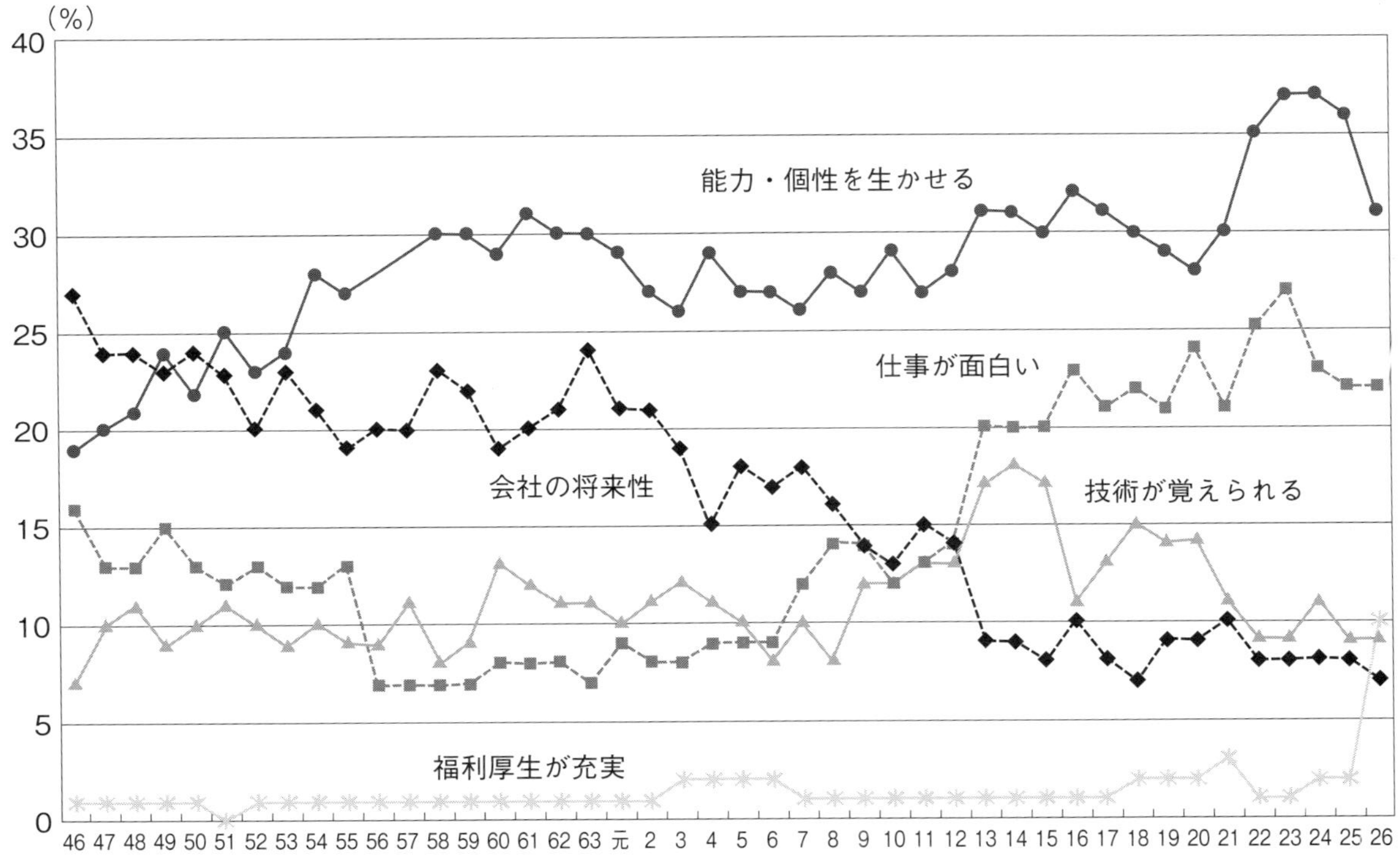

（図－１）会社の選択理由（経年変化）

日本生産性本部・日本経済青年協議会「新入社員 働くことの意識」調査

野村総合研究所が上場企業の20代および30代の正社員を対象に2005年に実施した「仕事に対するモチベーションに関する調査」（図－2）によれば、「やりがい」を感じる仕事として、「報酬の高い仕事」が唯一25％を超え1位となっており、経済的欲求を無視することはできないことがわかる。

ただし、2位以下を見ていくと、右に記した新入社員の意識の変化の背後にある欲求が浮かび上がってくる。

2位から5位は、「自分だけにしかできない仕事」「新しいスキルやノウハウが身につく仕事」「自分の実績として誇れる仕事」「お客様から感謝される仕事」となっており、これらが20％をやや上回っている。これらは承認欲求や成長欲求を満たしてくれる仕事ということができる。

6位から8位は、「社会的に意義がある・貢献のし甲斐がある仕事」「自ら創意工夫ができる仕事」「将来のキャリア形成に役立つ仕事」となっており、これらが15％をやや上回っている。これらは意味への欲求や創造性欲求・自律性欲求を満たしてくれる仕事ということができる。

このような欲求を満たすことが仕事へのモチベーションにつながる。そこのところを踏まえたモチベーション・マネジメントが求められるのである。

組織が提供できる報酬の行き詰まりからモチベーション・マネジメントを考える

個人がもつ欲求という点からみても、経済的なもの以外の欲求を満たすことがモチベーション・

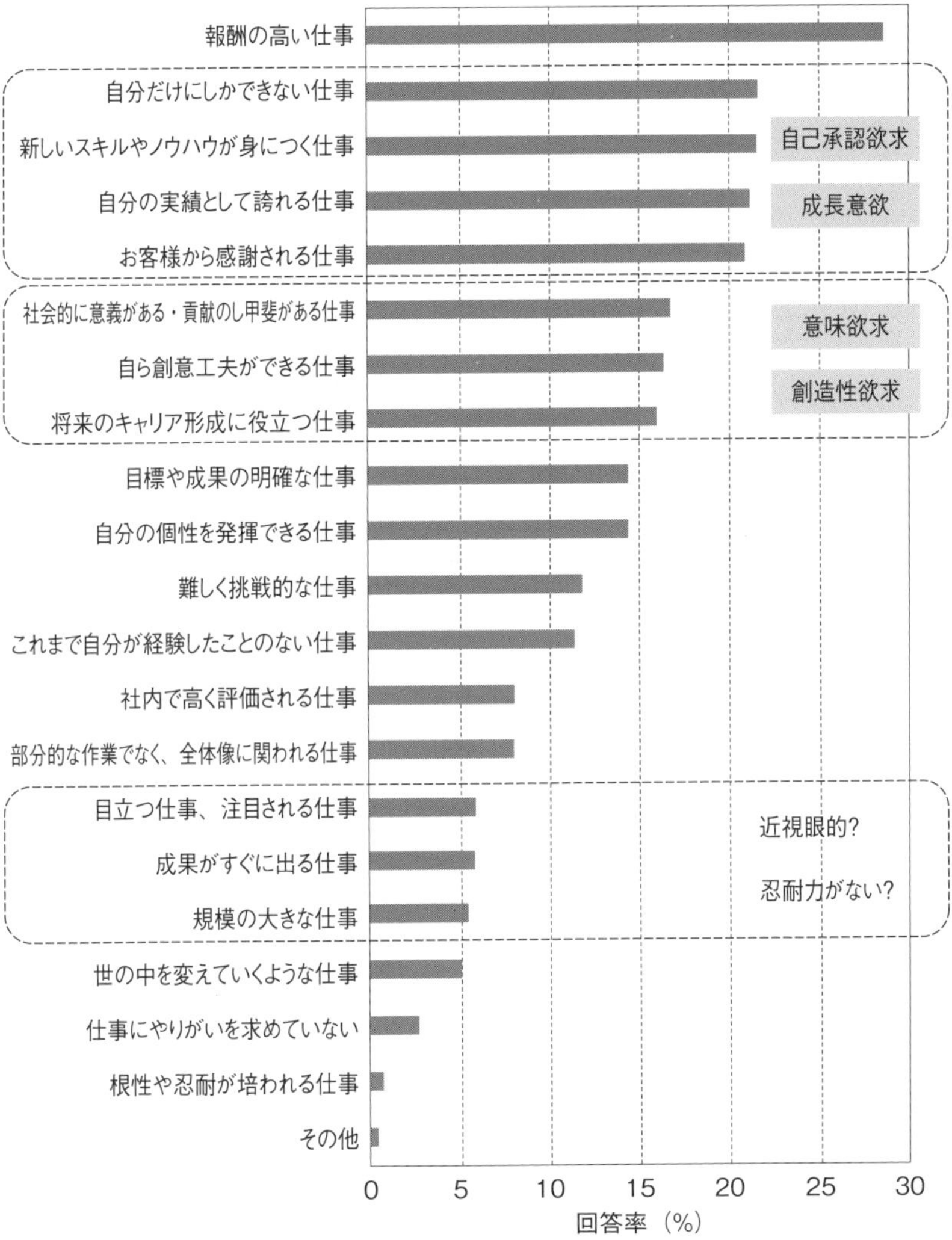

（図－2）「やりがい」を感じる仕事（上場企業20代・30代対象）
（野村総合研究所，2005より）

マネジメントにとって重要であることがわかるが、組織が提供できる報酬という点からも同様のことが言える。

高度経済成長期には、毎年のように昇給し、ベースアップもあって、頑張って働けばその分給料が上がることが期待できた。組織の側としても、従業員の頑張りに対して給料という金銭報酬によって報いることができた。

ところが、経済が成熟し、右肩上がりの成長が期待できなくなった今日、分配すべき経済的資源が増加していかないため、従業員の頑張りに対して金銭報酬で十分報いるということが難しくなってきた。

さらに、組織の拡張期と違って役職を増やすわけにもいかないし、長寿化に伴う定年延長の動きも相まって、昇進という形の地位報酬によって報いるのも困難になってきた。

金銭報酬や地位報酬によって従業員に報いることが難しくなった今日、従業員のモチベーションを高めるにはどのような方策が有効なのだろうか。モチベーション・マネジメントの観点からすると、組織が提供できる報酬の行き詰まりをいかに乗り越えられるかがカギとなる。

そこで注目すべきは内発的な動機づけである。頑張って働いた対価として金銭や地位が与えられるというような外的報酬でなく、働くこと自体によってもたらされる充実感や成長感のような内的報酬が重要性を増している。内的報酬を生み出せるような仕事や働き方。そこのところの工夫が、働く個人の側にも、個人を雇用する組織の側にも求められる。

どのような欲求があるのか

人の欲求を探るための心理検査ＴＡＴの開発者として知られるマレーは、社会的欲求（生理的欲求と違って、社会的行動を動機づける欲求）として、次の21種類の欲求をあげている。

支配欲求……暗示、誘惑、説得、命令などにより、人を支配しようという欲求
恭順欲求……優越している人を賞賛、尊敬、支持し、心から従おうという欲求
自律欲求……強制や束縛に抵抗し、権威から離れて自由に行動しようという欲求
攻撃欲求……相手を辱めたり、罰したりしようという欲求
屈従欲求……服従し、批判や罰を受け入れ、自分を罰しようという欲求
達成欲求……障害を克服して事を成し遂げ、自己を超克しようという欲求
性的欲求……性的関係を形成し、促進しようという欲求
感性欲求……感性的印象を求め、楽しもうという欲求
顕示欲求……相手を驚かせ、魅惑し、圧倒し、印象づけようという欲求
遊戯欲求……無目的に、成果を期待することなく、おもしろがって行動しようという欲求
親和欲求……気の合う人に近づき、友情や愛情を交換しようという欲求
排除欲求……劣等な相手を排斥しようという欲求
救護欲求……支持され、励まされ、助言され、導かれるように保護者に寄り添おうという欲求
養護欲求……無力な者を援助し、慰め、保護しようという欲求

非難回避欲求……非難されないように自己愛的・非社会的な行動を抑制しようという欲求
屈従回避欲求……失敗を恐れ、嘲笑や冷淡な反応にあうような行動を避けようという欲求
防衛欲求……批判、非難から逃れるため、悪事や失敗を隠したり正当化したりしようという欲求
中和欲求……汚名を返上し、誇りを維持するため、再努力によって失敗を埋め合わせようという欲求
傷害回避欲求……苦痛、身体的傷害、病気、死を避けようという欲求
秩序欲求……物事を整頓し、組織化し、平衡や整然さを追求しようという欲求
理解欲求……経験を分析し、抽象し、概念的に整理し、一般化しようという欲求

このように私たちはさまざまな欲求をもっているわけだが、とくに仕事へのモチベーションに関係する欲求は何なのか。そのことについて考える際に役立つ枠組みを与えてくれるのが、心理学者マズローが唱える欲求の階層説である。

マズローの欲求の階層説

禁欲主義のように欲求は抑えるべきとする考え方もあるが、マズローは欲求は満たすべきものと考える。生きるために必要な基本的欲求があり、それが満たされないとき、人間はその獲得へと駆り立てられるという。

たとえば、戦時中のように食料がなかなか手に入らず飢餓状態にあるときは、食欲という基本的欲求が満たされないため、人は食欲を満たしてくれるものの獲得へと動機づけられる。そのような

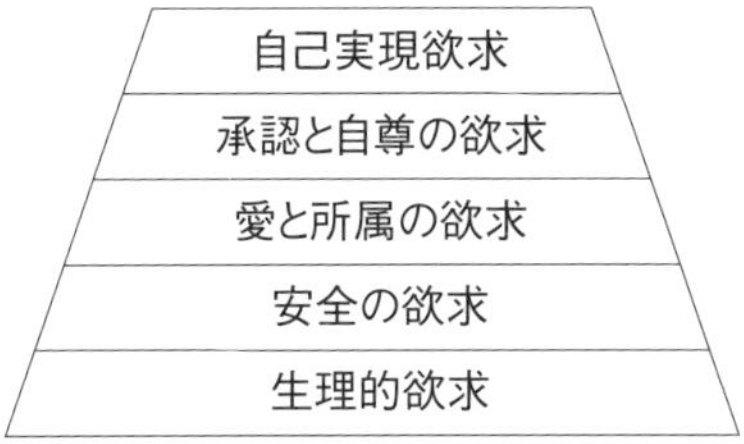

（図－３）マズローの欲求の階層（マズロー、1954 をもとに作成）

ときには、名誉だとか自尊心だとかにこだわっていられずに、みっともない形で食欲を満たそうとする者が出てくることもあるだろう。

マズローは、人間が健康に生きていくうえで満たすべき基本的欲求として、生理的欲求、安全の欲求、愛と所属の欲求、承認と自尊の欲求の４つをあげ、それらの間に階層構造を想定している（図－３）。

下層に位置づけられる欲求ほど低次元の欲求であると同時に、まず優先的に満たすべき基本的な欲求ということになる。下層の欲求がある程度満たされると、それより上層の欲求に動かされるようになる。

最下層に位置づけられているのが生理的欲求である。生理的欲求とは、飢えを避けようという食欲、渇きを癒そうという水分補給の欲求、疲労を回復しようという休養や睡眠の欲求など、主として生命の維持のために必要不可欠な欲求を指すが、性欲や刺激欲求、活動欲求なども含む。

あらゆるものを失った人間にとっては、生理的欲求が他のどのような欲求よりも優先すべき動機になるとマズローは言う。実際、飢えに苦しむ人にとっては、生存のために空腹を満たすことが何よりも切実な問題であり、窮極の状況では盗んででも食べる、人を騙してでも糧を得るための金を手に入れるというようなことも起こってくる。

生理的欲求がある程度満たされると､安全の欲求に動機づけられるようになる。安全の欲求とは、身の安全や生活の安定を求める欲求のことであり、恐怖や不安を免れたいという欲求、秩序を求め混乱を避けようとする欲求なども含まれる。

見慣れないもの、未知なものごとに対して尻込みし、身構えるのも、安全の欲求のあらわれとみることができる。貯蓄をしたり、保険をかけたりするのも、安全の欲求によって動機づけられた行動といえる。

安全の欲求がある程度満たされると、愛と所属の欲求に動機づけられるようになる。愛と所属の欲求とは、親しい友だち、あるいは恋人や配偶者を求めたり、所属集団を求めたりする欲求を指す。

マズローは、生理的欲求や安全の欲求が満たされると、それまでと違って、友だち、あるいは恋人や配偶者、子どものいない淋しさを痛切に感じるようになるという。そして、安らぎに満ちた関係を求めるようになり、家族・仲間集団・職場など居場所といえる所属集団を求めるようになる。

愛と所属の欲求がある程度満たされると、承認と自尊の欲求に動機づけられるようになる。承認と自尊の欲求とは、人から認められたい、高く評価してほしいという欲求、そして自尊心を持ちたいという欲求である。

これには2つの側面がある。ひとつは、名声、評判、社会的地位など、他者から承認され、尊敬されることを求める欲求である。もうひとつは、自分に対して自尊をもち、誇りをもちたいという欲求である。

マズローは、これら4つの基本的欲求の上に自己実現欲求を置き、基本的欲求がある程度満たされると自己実現欲求に動機づけられるとした。自己実現欲求とは、自分が潜在的にもっているものを実現しようという欲求のことであり、今の自分以上のものに成長したいという欲求のことである。自分の中から湧き上がってくるもの、自分が感じ取ったものを表現したい、感動を伝えたい、困難に負けずに新たなものを創造したい、自分らしく生きたい、個性的に生きたい、自分の能力を社会のために活かしたいなどというのも、一種の自己実現欲求といえる。

給料など収入にこだわる人物は生理的欲求に動機づけられ、雇用の安定や福利厚生にこだわる人物は安全の欲求に動機づけられているとみることができる。仕事そのものよりも職場の雰囲気や職場の人間関係を重視する人物や、ワーク・ライフ・バランスにこだわり家族との時間を大事にする人物は、愛と所属の欲求に動機づけられているといえる。上司から「できるヤツ」と評価されたいとか、親から一人前と認められたいなど、人から認められたい一心で頑張っている人物は、承認と自尊の欲求に動機づけられているといえるだろう。

人から認められるかどうかに関係なく、いろいろ創意工夫しながら販売戦略を立てるのを楽しんでいる人物や、試行錯誤を繰り返しながら技術開発に没頭している人物などは、自己実現欲求に動機づけられているといってよいだろう。

今の時代は、生理的欲求や安全の欲求はある程度満たされており、愛と所属の欲求や承認と自尊の欲求、あるいは自己実現欲求によって動機づけられている人が多いと考えられる。

統計数理研究所が5年ごとに実施している国民性調査では、「給料は多いが、レクリエーションのための運動会や旅行はしない会社」と「給料はいくらか少ないが、運動会や旅行をして家族的な雰囲気のある会社」のどちらがよいかという項目がある。２００８年のデータを見ても２０１３年のデータをみても、「家族的な雰囲気のある会社」の方がよいという者は53％および57％と半数を超えている。これは、生理的欲求よりも愛と所属の欲求に動機づけられて働いている人が多いことの証拠といえる。

仕事に関係して嬉しかったことや喜びを感じたことなどポジティブな経験を尋ねると、上司や周囲の人たちから評価されたことや客から感謝されたことをあげる人物や、できなかったことができるようになったこと、あるいは前よりもうまくできるようになったことをあげる人物が多い。これらは、承認と自尊の欲求や自己実現欲求に動機づけられて働いている人が多いことの証拠ともいえるだろう。

心理学者アルダファーは、マズローの欲求の５つの階層を、生存、関係、成長という３つの欲求に括り直す、ＥＲＧ理論を提起している。生存とは、給料や雇用の保障、安全な職場環境などを求める欲求で、マズローの生理的欲求および安全の欲求に相当する。関係とは、友だちや家族との関係や職場の人間関係の欲求のことで、マズローの愛と所属の欲求および承認と自尊の欲求に相当する。成長とは、自分自身の能力を伸ばして成長したいという欲求のことで、マズローの承認と自尊の欲求および自己実現欲求に相当する。

面接調査などで成長したいという人の話を聴くと、本人の意識としては自分自身が成長したいわけだが、その指標として人から認められるということを強く意識しているケースが少なくない。そうなると、マズローのいう承認と自尊の欲求に動機づけられているのか、自己実現欲求に動機づけられているのか区別がしにくく、アルダファーの理論の方が現実的だといえるかもしれない。

だが一方では、人から認められたいという思いが強い人に対して、たとえ人から認めてもらえなくても自分のやり方を貫きたいという人もいる。それが単なる身勝手というのではなく、たとえば専門家に評価されなくてもいい、コンクールで入選しなくてもいい、ただ自分の中から湧き出てくるものをそのまま表現したいのだという画家や作曲家、文筆家、書道家、発明家がいたとすれば、それは自己実現欲求に動機づけられているといえる。そのような欲求は承認欲求とは明らかに区別されるべきであり、そうなるとマズローの理論の方がわかりやすいということになる。

モチベーション・マネジメントの変遷

ここでモチベーション・マネジメントの変遷を確認しておきたい。

モチベーション・マネジメントは、鉄鋼会社の技師だったテイラーの科学的管理法に始まるとみることができる。

20世紀の初めのアメリカは、大量生産による値引き合戦が盛んになった時代で、会社側は値引きによる利益の減少を経費削減によって相殺せざるを得ず、賃金を減らすことで乗り切ろうとした。そうなると、従業員側としては、必死に働いて増産しても賃金が減るということが起こるわけで、当然モチベーションが下がる。結局手抜きが横行することになった。

そんな現状をみたテイラーは、機械工学の考え方をマネジメントに応用することを考え、「科学的管理法」を提唱した。それは、会社側が賃金や仕事量を勝手に決めるのではなく、熟練者の仕事量を調査し、それをもとに1日あたりの標準的な仕事量を算出し、それを基準に賃金を決定するというものであった。標準作業量を上回る者は平均以上の賃金がもらえ、反対に標準作業量を下回る者は平均以下の賃金しかもらえない。

いわば、ワーク・モチベーションを高める要因として、金銭報酬を重視し、出来高制を取り入れるなど賃金によってモチベーションを高め、作業効率を高めようとするものであった。科学的管理法は多くの企業で採用され、産業界に急速に広がっていった。

しかし、その後、油を差せば機械がスムーズに動くといったイメージで従業員を機械の部品のようにとらえる科学的管理法は、批判にさらされることになる。

そのきっかけとなったのは、科学的管理法の実証のためにウェスタン・エレクトリック社のホーソーン工場で行われた現場実験だった。そこで物理的環境要因が作業効率に与える影響を検討したメイヨーは、予想外の結果を見出すことになった。物理的環境条件をいろいろ変えてみても作業効率にさしたる違いは見られなかったのだ。そして、そのような物理的要因よりも従業員の心理的要因の方が作業効率に大きな影響を及ぼすことがわかった。つまり、人間的な対応や、従業員同士の仲間意識などによって、作業効率が向上していったのである。

これがきっかけとなって、従業員を機械の部品のようにとらえる科学的管理法の欠点が認識され、もっと人間性を重視すべきという風潮が強まった。モチベーション・マネジメントに必須の要因としても、人間関係など情緒的要因が重視されるようになった。こうして管理者と従業員あるいは従業員同士の人間関係や、職務満足感など従業員の心理面に焦点が当てられるようになっていった。

人間関係などの社会的欲求の重視は関係性の問題につながり、それによってもたらされる情緒的要因の重視は気分の問題につながってくる。それについては、第6章および第9章でその現状を詳しく解説することになる。

職務に対する不満と満足

職務満足感に関連した知見としてよく知られているのがハーズバーグの理論である。

ハーズバーグは、職務に対する不満をもたらす要因と満足をもたらす要因が異なるとした。そして、不満をもたらす要因を衛生要因、満足をもたらす要因を動機づけ要因とした。

ハーズバーグによれば、私たちが職務に不満を感じるときは、仕事の環境面に関心が向いている。反対に、職務に満足を感じるときは、仕事そのものに関心が向いている。ゆえに、衛生要因は仕事を取り巻く環境面に関わるもので、動機づけ要因は仕事そのものに密接に関わるものとなる。

ハーズバーグは、衛生要因として、会社の方針、管理の仕方、給与、職場の人間関係、作業条件をあげている。これらのなかに納得のいかないもの、満足できないものがあれば、職務に対して不満を感じるようになる。職務に対する不満が高じれば、当然のことながらモチベーションは低下する。

ゆえに、モチベーション・マネジメントの観点からは、これらの衛生要因に関して不満が出ないようにすること、不満があれば極力解消に努めることが必要ということになる。ただし、ハーズバーグは、いくら衛生要因を満たすようにしても、それは不満の解消になるだけで、積極的に職務満足をもたらしモチベーションを向上させることはできないという。そこで重要となるのは動機づけ要因である。

ハーズバーグは、動機づけ要因として、達成感、他者からの承認、仕事そのものによる満足感、任されることによる責任感、昇進をあげている。このような要因が満たされることで職務に対する満足感が生じ、モチベーションが高まることになる。

ゆえに、モチベーション・マネジメントの観点からは、最低限衛生要因を満たすのは必須の条件として、その上で動機づけ要因を満たすように仕事の与え方や業績評価の仕方を工夫する必要があるということになる。

なお、ハーズバーグは、給与や職場の人間関係を衛生要因に位置づけているが、これらがモチベーションになるというのは日常よくあることといえる。金銭報酬の条件が良いためにモチベーションが上がり、必死に働くというのは、実際よくあることだろう。また、関係性を大切にする私たち日本人にとって、職場の人間関係は非常に重要な要因であり、上司の期待に応えなければと思って頑張るとか、職場の仲間との一体感で頑張るというように、職場の人間関係がモチベーション向上の要因となることは珍しくない。これについては第9章で取り上げるが、モチベーション理論のほとんどが欧米で生み出されたものであり、それをそのまま異文化である日本に当てはめることには慎重でなければならない。

第2章 達成動機を刺激するモチベーション・マネジメント

だれでも成長したい

仕事に限らず、何に関しても自分が成長していると感じるのはうれしいことだし、もっと成長したいと思うものだ。スポーツでもゲーム遊びでも、できなかったことができるようになるなど自分の成長が感じられると、もっとできるようになりたいというようにモチベーションが上がるはずだ。では、仕事において、どんなときに自分の成長を感じるだろうか。

第一に、できないことができるようになったときに成長を感じる。前はうまくできなかった仕事がスムーズにできるようになったとき。先輩や上司に助けてもらわないとできなかった仕事が一人でできるようになったとき。そんなときに自分の成長を実感する。

第二に、できること、わかることが増えていくときに成長を感じる。できることが増えるとかわかることが増えるというのは、まさにその仕事に習熟しつつあることの証拠といえる。

第三に、難しい課題を達成できたときに成長を感じる。仕事に熟練した上司や先輩が難しい課題を達成しているのをみて、自分はまだまだ未熟だと感じる。それはだれもが経験することだ。ところが、かつてはとても無理だと思っていた難しい課題を無難にこなしている自分を発見する。そんなときは、当然のことながら自分の成長を改めて実感することになる。

第四に、上司や先輩からほめられたときに成長を感じる。はじめのうちは注意されたり叱られたりするばかりで、アドバイスをもらって何とかできるという感じだったのに、あるとき仕事のやり方や成果をほめられる。それは気持ちとしても非常に嬉しいものだし、自分の成長を感じさせてくれる。

第五に、責任ある仕事を任されるようになったときに成長を感じる。任されるというのは、任せても大丈夫というように仕事ぶりを認めてもらえた証拠といえる。一人前の戦力になりつつあるということであり、自分の成長を実感すると同時に、大きな自信になる。

モチベーション・マネジメントとしては、このような点に留意しながら、本人が成長を感じられるように導くことが重要となる。

仕事上の成長ということを考えると、やはり達成するということが大きい。「できないことができるようになる」「できること、わかることが増えていく」「難しい課題を達成できた」「上司からほめられた」「責任ある仕事を任されるようになった」のいずれもが、達成動機に深くかかわる経験といえる。

そこで本章では、達成動機を中心にみていくことにしたい。

達成動機とは

人間の欲求について整理したマレーは、達成動機（達成欲求）について、つぎのように説明している。

その目的……難しいことを成し遂げること。できるだけ迅速に、できるだけ人手を借りずにすること。障害を克服して高い水準に到達すること。自己を超克すること。他者との競争に勝つこと。才能を有効に用いて自尊心を高めること。

行動特徴………困難なことを成し遂げるために努力をし続ける。遠大な目標に向かって働く。何としても勝とうとする。何事もうまくやろうとする。他者によって競争意識を刺激される。競争を楽しむ。意志の力を発揮する。倦怠感や疲労感をなくそうとする。

達成動機の強さを測定するための質問項目として、マレーは、次の10項目をあげている（わかりやすいように筆者が部分的に修正した）。

①たえず努力を続けている
②人生において大きな業績を残すことが何より大切なことだと思う
③仕事上で大きな成果を出したときに気持ちの平安と自信が得られる
④無理な計画を立て、その達成に向けて努力するほうだ
⑤将来を夢みるよりも、目の前の仕事に全力を傾けるほうだ
⑥切羽詰まってくると、自分の仕事に集中するあまり、他人への配慮がおろそかになりがちなところがある
⑦価値ある仕事をうまく成し遂げたときに、はじめて心から安らぐことができる
⑧何かにつけて競争心を刺激されるほうだ
⑨何かにつけて納得のいく結果が得られるまで頑張り続けるほうだ
⑩仕事も遊びと同じように楽しい

これらの項目が当てはまるほど達成動機が強いことになる。

達成動機の水準により仕事への取り組み姿勢が異なる

達成動機の強い人は、成功の確率が0・3～0・5の間に収まるような中程度の困難度を伴う仕事に取り組むことを好む。このことは、マクレランドをはじめ多くの研究者の実験により明らかにされている。

なぜ中程度の困難度の課題を好むのか。それは、達成動機の強い人にとって、必死になって頑張れば困難な課題を達成できるかもしれないという状況がとくに魅力的だからである。簡単に達成できそうな課題ではつまらないし、まったく達成不可能としか思えない課題ではやる気になれない。達成動機の強い人は、容易には達成できそうにないが、必死に頑張ればうまくいくかもしれないという状況でこそワクワクできるのである。

達成動機の弱い人は、これとは正反対の傾向を示す。すなわち、成功確率が0に近いきわめて困難な課題か、あるいは逆に成功確率が1に近い著しく容易な課題に取り組むことを好む。

なぜ極端に困難な課題や極端に容易な課題を好み、中程度の困難度の課題を嫌うのか。それは、中程度の困難度の課題は、必死になって頑張ればできるかもしれないという感じでチャレンジ精神を刺激するからである。達成動機の弱い人は、チャレンジを嫌う。だれでも容易にできそうな課題なら、自分にも確実にできそうなため、抵抗なく取り組むことができる。また、だれにもできそうにないきわめて困難な課題も、自分ができなくても傷つくことがないし、できなくて当然と思えるため、気軽に取り組むことができる。

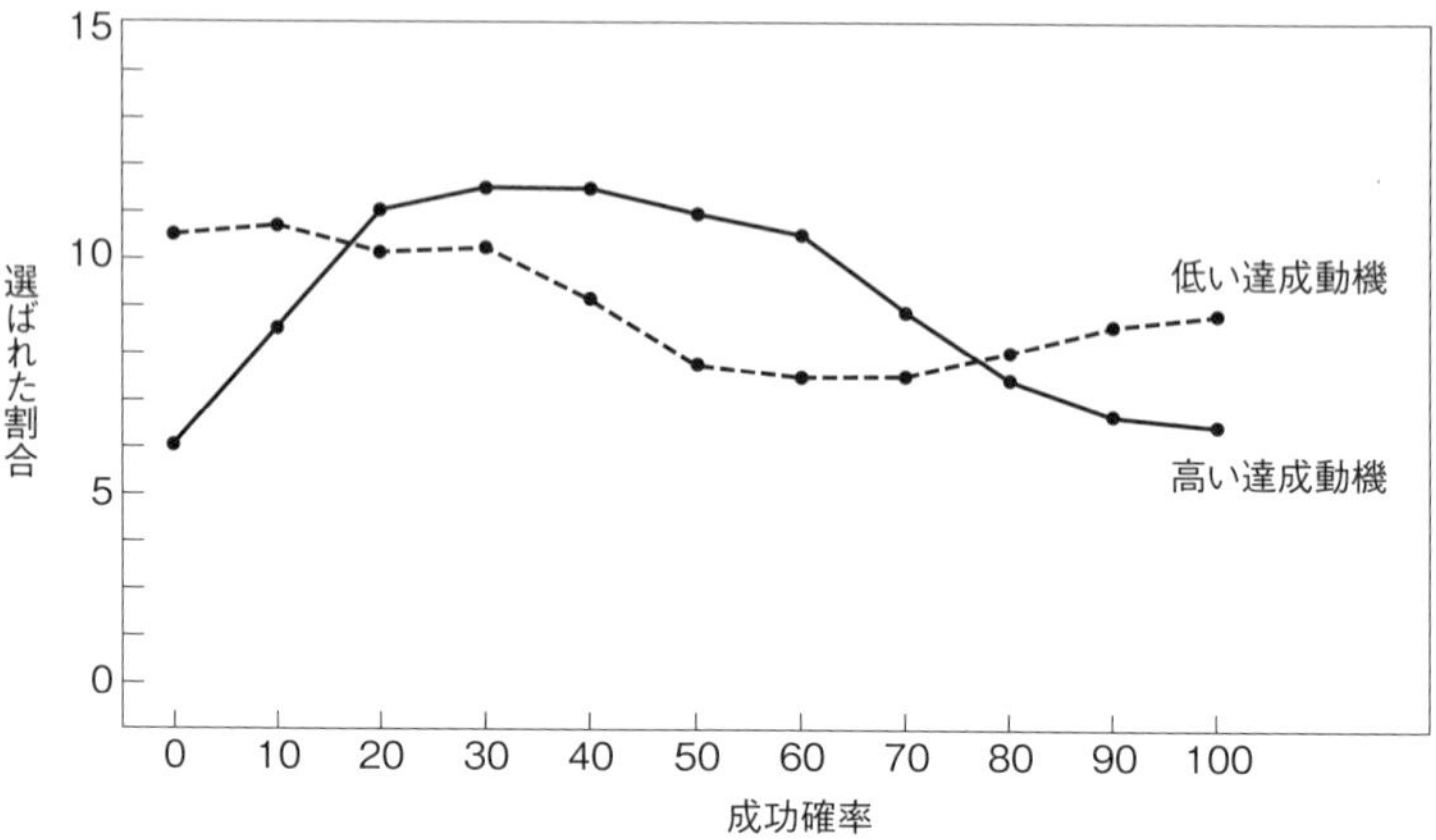

（図－4）テストの成功確率のレベルごとの課題選択の割合
（達成動機得点の平均点以上と以下の実験協力者の比較）（マクレランド，1987）

図－4に示されているように、達成動機の強い人と弱い人では、課題の難易度の好みが正反対になっているのである。

失敗の後も粘り強く取り組むかどうかに関しても、達成動機の強い人と弱い人は正反対の傾向を示す（図－5）。

達成動機の強い人は、きわめて難しい課題に失敗したときよりも、易しい課題に失敗したときのほうが、より長時間粘り強く課題に取り組む。それは、もう少し必死になって頑張ればできそうな気がするからである。それによってチャレンジ精神が刺激される。

達成動機が強いからといって、どんなときでも頑張り続けることができるというわけではない。いくら頑張ってもできそうにないというような困難な状況では、到底やる気になれない。

一方、達成動機の弱い人は、易しい課題に失敗したときよりも、困難な課題に失敗したときのほうが、より長時間粘り強く課題に取り組む。それは、どうせ頑

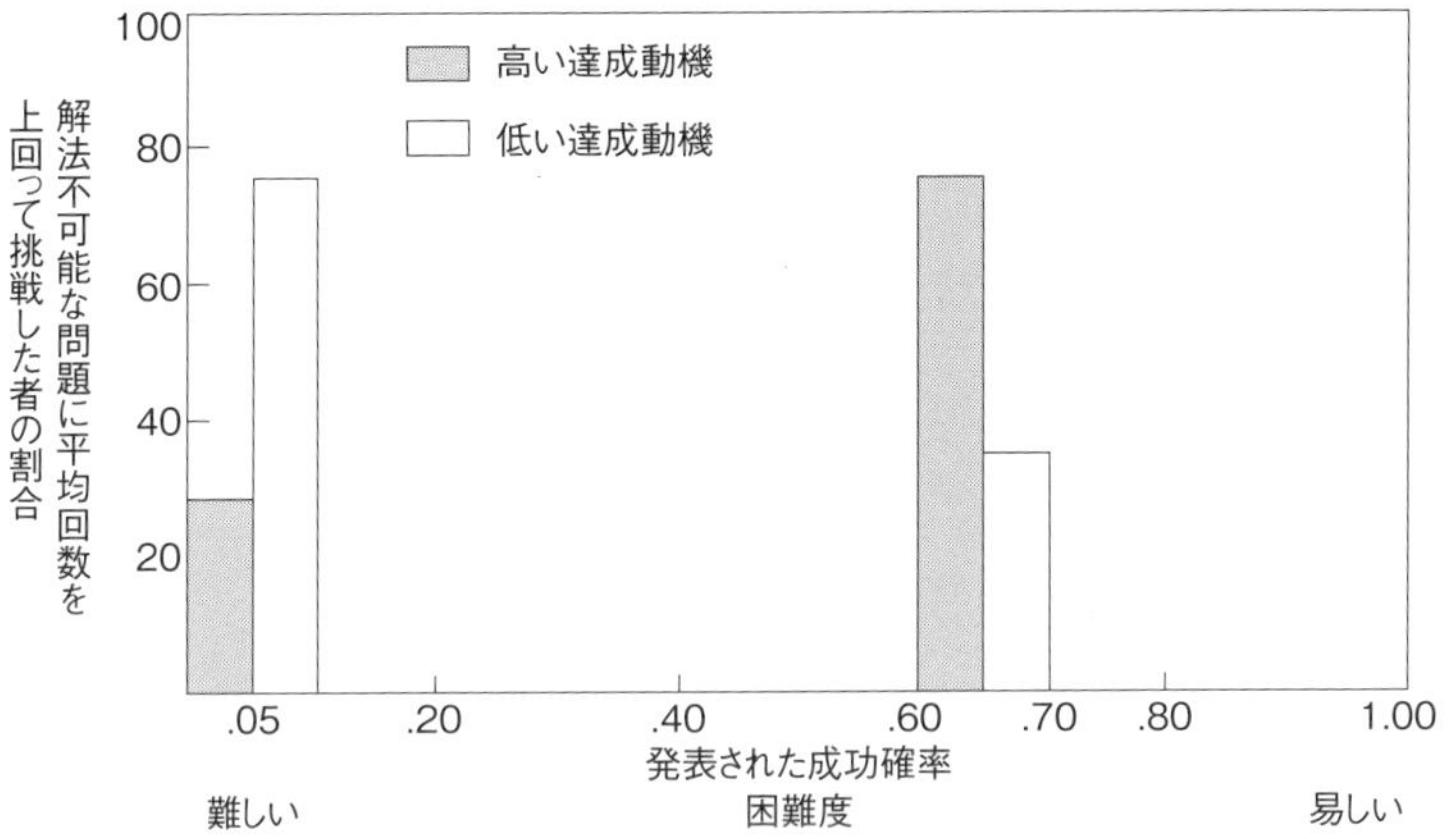

（図－5）失敗の後もなお課題に挑戦した者の割合
（難しい課題と易しい課題に対する挑戦）（マクレランド，1987）

張ってもだれにもできそうにないと思えるからである。チャレンジ精神を刺激されることがなく、どうせできないということで、気楽に取り組めるのである。

ここから示唆されるのは、モチベーション・マネジメントにあたっては、達成動機の強い人と弱い人では、方法を変える必要があるということである。

つまり、達成動機の強い人物のモチベーションを上げ、仕事の生産性を上げるには、成功確率5割程度の課題を与えるのが望ましいといえる。一方、達成動機の弱い人物のモチベーションを上げ、生産性を上げるには、失敗しないように配慮しつつ本人の実力で十分こなせる容易な課題を与えるべきであろう。

達成動機の土台は幼少期に形成される

マクレランドは、国民の平均的な達成動機がその後の国の経済発展を方向づけるのではないかと考え、国語の教科書にみられる達成動機得点（物語の内容から

（表－1）教科書の達成動機得点と経済成長との相関（マクレランド，1987）

達成要求水準	1925-1950 年の 1 人当たりの I.U. $N=22$	1929-1950 年の 1 人当たりのキロワット $N=22$	二つ前を一緒にした場合 $N=21$
1925 年	.25	.53, $p<.01$	.46, $p<.02$
1950 年	—.10	.03	—.08

達成動機の高さを評定したもの）とその後の経済発展指標（一人あたりの国民所得および一人あたりの電力生産量）の関係を検討している。

具体的には、1925年および1950年の子どもの国語の教科書が入手でき、さらに1925年および1950年の国民所得、1929年および1950年の電力生産量に関する情報が明らかになっている34カ国（スウェーデン、アメリカ、ニュージーランド、カナダ、イギリス、日本など）に関して、1925年から1950年にかけての国民所得の増加量および1929年から1950年にかけての電力生産量の増加と、1925年および1950年の子どもの国語教科書の達成動機得点の関係を検討した。

その結果、経済発展指標の増加が大きい国々ほど1925年の子どもの国語教科書の達成動機得点が高いことが示された。

さらに、1925年および1950年の子どもの国語教科書と経済発展指標の増加との相関を算出した結果、1925年の子どもの国語教科書の達成動機得点はその後の経済発展と正の相関を示すが、1950年の子どもの国語教科書の達成動機得点はその時点までの経済発展と無相関であることが明らかになった（表－1）。

すなわち、子どもの国語教科書の達成動機得点が、その後25年間の経済発展の度合いと関係しているのであった。

このようなマクレランドの調査結果から示唆されるのは、子ども時代の高い達成動機水準が、その子どもたちが成人してからの働くモチベーションを高める効果をもち、その結果として経済発展がもたらされているということである。

ここからさらに示唆されるのは、次の2点である。

第一に、国家の経済発展という観点からは、子ども時代に教科書の物語などで達成動機を刺激することが将来の国家の経済発展にとって重要であるということ。

第二に、個人の達成動機は幼少期に形成され、幼少期にどれだけ達成動機を刺激されるかによって、その個人の達成動機の水準が決まってくるということ。

こうしてみると、国語の教科書に限らず、幼少期どのような物語に接するかが、個人の人生にとっても国家の繁栄にとっても重要な意味をもつといえるであろう。

達成動機を高めるための教育訓練

個人の達成動機は幼少期に形成されると考えられるが、達成動機の水準は職業に就いてからの個人のキャリアを大きく左右することになる。ゆえに、成人後も達成動機を何とかして高めることができれば、個人のキャリア発達を後押しすることができる。

マクレランドは、達成動機の形成の主な要因として幼少期の親子関係をとくに重視しているものの、成人後であっても職場での教育訓練によって達成動機を高めることも可能であると考えた。

そこで、達成動機を高めるための教育訓練の4つのステップを考案した（林、2000）

1．被訓練者に目標を設定させ、その遂行プロセスと結果（業績）について記録を取る
2．達成動機の強い人をモデルに、考え方、話し方、行為の仕方を学習させる
3．強い達成動機と成功の間の正の相関の存在を集中的に学習させる
4．その学習者に集団的支持を与える。とくに職場の同僚が支持を与える

実際、この教育訓練プログラムによって積極的に活動する経営者を増やすことに成功している。

達成動機と回避動機

アトキンソンは、達成動機に対して回避動機というものを想定し、この2つの力関係によって課題遂行への姿勢が決まると考えた。

回避動機とは、失敗を回避したいという動機のことである。

私たちは、何とかして成功したい、課題をうまくこなしたいという積極的な思いを抱えていると同時に、失敗するのは嫌だ、課題にチャレンジして失敗するような事態は何としても避けたいという消極的な思いも抱えているものである。

アトキンソンは、このような心理に関して、つぎのような公式を提起している。

達成に向けて喚起されるモチベーション＝
Ms（達成動機）×Ps（成功確率）×Is（成功の誘因価）

すなわち、何らかの課題に対して積極的に立ち向かうかどうかは、個人のもつ特性としての達成

動機だけで決まるのではなく、その課題を達成できる確率とその課題に成功することのもつ誘因価にも影響されるというのである。成功確率というのは、本人が予想する主観的成功確率（うまくいきそう、けっこう難しそうなど）のことである。

また、

$$Is = 1 - Ps$$

とし、成功確率が低いほど成功の誘因価が高いとしている。これに関しては、筆者は疑問をもっている。たしかに簡単にできるような課題をこなすことにはさしたる魅力もなく、難しい課題だからこそチャレンジする魅力があるといった面もあるかもしれない。しかし、難易度が低くかなりうまくいきそうだが素晴らしい成果につながる課題や、相当に難しそうだがそれができたからといって大した成果につながらない課題というのもあるはずである。課題に成功することの魅力度は、困難度、すなわちチャレンジ性によってのみ決まるものではないだろう。

この公式が意味するのは、ある課題に積極的に立ち向かうかどうかは、個人のもつ達成動機水準と課題の性質によって決まるということである。

ゆえに、モチベーション・マネジメントとしては、スキルの上達を促したり、自信をもたせたりすることによって主観的成功確率を高めること、そして課題を達成することの意義を理解させるなどして課題を達成することのもつ誘因価（難易度に関係なく）を高めることが大切といえる。

一方、失敗を回避したいという動機に関しても、つぎのように公式化している。

回避に向けて喚起されるモチベーション＝

Ｍｆ（失敗回避動機）×Ｐｆ（失敗確率）×Ｉｆ（失敗の負の誘因価）

すなわち、何らかの課題に対して、失敗を恐れて尻込みするかどうかは、個人のもつ特性としての失敗回避動機だけで決まるのではなく、その課題に失敗する確率とその課題の失敗に伴う負の誘因価にも影響されるというのである。失敗確率というのは、本人が予想する主観的失敗確率（うまくいかなそう、なんとかなりそうなど）のことである。

また、

Ｉｆ＝１－Ｐｆ

とし、失敗確率が低いほど失敗に伴う負の誘因価が高いとしている。

この公式が意味するのは、ある課題に立ち向かうのを躊躇するかどうかは、個人のもつ失敗回避動機水準と課題の性質によって決まるということである。

ゆえに、モチベーション・マネジメントとしては、スキルの上達を促したり、自信をもたせたりすることによって主観的失敗確率を低めること、そして課題の達成に万一失敗したときの心理的ダメージを和らげるべく減点法的な評価をしないようにすることが大切といえる。

達成動機の強い人と回避動機の強い人

強い達成動機によって動かされている人と強い失敗回避動機によって動かされている人では、課題に対する取り組み姿勢は大きく異なってくると考えられる。

アトキンソンは、失敗回避動機より達成動機の方が強い場合には、成功確率が0・5の課題、つまり成功するか失敗するかの確率が五分五分のときに最もモチベーションが高まり、成功確率が0に近いか1に近い課題、つまりどうせできないだろうと思うときや、逆に絶対うまくいくだろうと思うときに最もモチベーションが低くなるというモデルを提起している。

反対に、達成動機より失敗回避動機の方が強い場合も、同じようにモデル化されている。すなわち、成功確率が0に近いか1に近い課題、つまりどうせできないだろうと思うときや、逆に絶対うまくいくだろうと思うときにモチベーションが最も高まり、成功確率が0・5の課題、つまり成功するか失敗するかの確率が五分五分のときに最もモチベーションが低くなる。

簡単に言えば、失敗回避動機より達成動機の方が強い場合は、頑張ればできるかもしれないと思えるときにモチベーションが高まる。反対に、達成動機より失敗回避動機の方が強い場合には、どうせできないと思うときや絶対うまくいくと思うときにモチベーションが高まるというわけである。

このことは、経験的にも十分納得のいくことといえる。チャレンジ精神旺盛な人は、うまくいくかどうか五分五分なら「よし、何とかうまくやってやるぞ」と燃えるが、どうせできないと思う課題やだれでも簡単にできそうな課題では気持ちが燃えない。反対に、失敗を極度に恐れる人は、うまくいくかどうか五分五分だと「失敗したらどうしよう」と不安が強まるが、どうせできないと思う課題だと「失敗して当然」という気持ちになれるし、だれでも簡単にできそうな課題だと「失敗するわけない」という気持ちになれるため、不安を感じずに取り組むことができる。

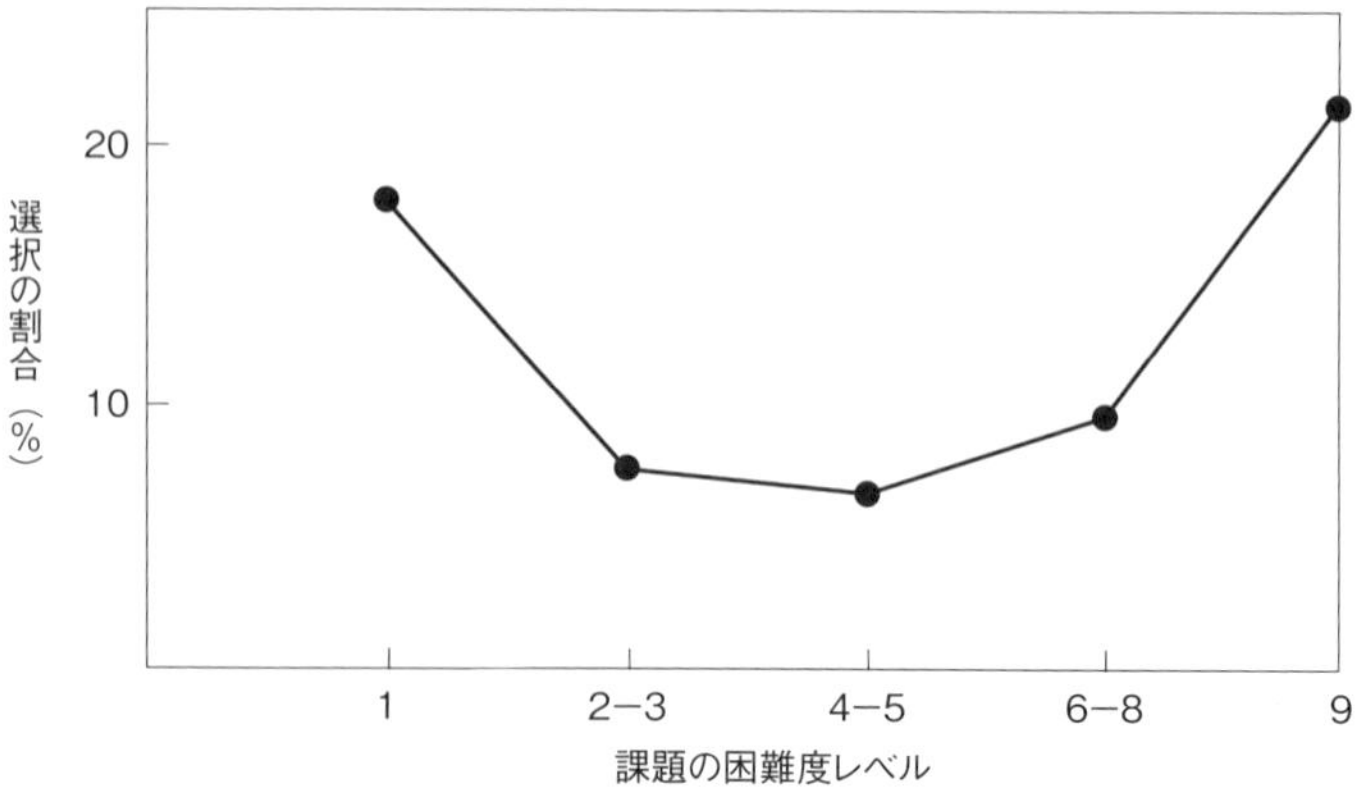

（図−6）成功への期待よりも失敗への怖れの得点が高い者の課題の困難度による選択率の違い（マクレランド，1987）

スポーツでもゲームでも、モチベーションの高い人は実力の伯仲した相手との勝負を好み、モチベーションの低い人は実力が自分より劣る相手との勝負を好むということがあるが、それもアトキンソンのモデルにそのまま当てはまる現象といえる（図−6）。

実際、ヘックハウゼンは、失敗への恐れの強い人物はきわめて易しい課題かきわめて難しい課題を選ぶことが多く、中程度の困難度の課題は回避したがることを実験的に証明している。

ここからモチベーション・マネジメントに関して示唆されるのは、失敗回避動機より達成動機の方が強い人物に対しては成功確率が五分五分のチャレンジングな課題を与えるのが望ましく、達成動機より失敗回避動機の方が強い人物に対しては確実にこなせそうな容易な課題を与えるのが望ましいということである。

接近システムと回避システム

自己不一致理論を提唱したヒギンズは、現実自己を動機づける自己機能を、希望や願望に基づく理想自己指針と義務や責任に基づく義務自己指針に区別している。

そして、こんな自分だったら素晴らしいという理想的自己像の実現を目指す理想自己調整システムは、理想的な状態の実現という肯定的な結果が得られたかどうかに焦点づけると仮定する。それに対して、こんな自分でなければならない、そうでないと大変なことになるという義務的自己像の実現を目指す義務自己調整システムは、義務を達成することで否定的な結果を免れることができたかどうかに焦点づけると仮定する。

つまり、理想自己指針が活性化されたときは良い結果を出すことができているかどうかが気になり、義務自己指針が活性化されたときには悪い結果に陥っていないかどうかが気になるというわけである。

カーヴァーとシャイアーは、自己調整システムが望ましい目標を基準とする場合は現実の自分の状態をその目標にできるかぎり近づけようとする動きが生じ、望ましくない目標を基準とする場合は現実の自分をその目標からできるかぎり遠ざけようとする動きが生じることに着目した。そして、目標との差異の縮小をめざす前者を接近システム、目標との差異の拡大を目指す後者を回避システムと呼んだ。そして、理想自己指針は接近傾向を含み、義務自己指針は回避傾向を含むのではないかとしている。

このことを支持する結果がヒギンズたちによって報告され、理想自己指針が活性化されると望ましい目標への到達を目指す姿勢が取られやすく、義務自己指針が活性化されると望ましくない目標の回避を目指す姿勢が取られやすいことが示された。

さらに、ヒギンズたちは、義務自己指針より理想自己指針の方が優勢となっている人は接近戦略を好み、理想自己指針より義務自己指針の方が優勢となっている人は回避戦略を好むことを示している。

理想自己指針は、肯定的な結果に焦点を当てることになるため、成功を目指す積極的な行動を導くと考えられる。一方、義務自己指針は、否定的な結果に焦点を当てることになるため、失敗を回避しようという消極的な行動を導くと考えられる。

これについては、ヒギンズたちも、自分自身が掲げる理想自己は成功を目指す行動パターンを基礎づけるが、他者によって突きつけられる義務自己は失敗を怖れる行動パターンを基礎づけるとしている。

ここからいえるのは、本人が自ら設定する目標をめざす場合は積極果敢に取り組むことができるが、他者から目標を与えられた場合は失敗しないようにという意識が強まり消極的姿勢がとられやすいということである。

達成動機の2側面

森と堀野は、ひとくちに達成動機といっても研究者によってその定義が異なる点に着目し、達成動機を競争的達成動機と自己充足的達成動機に区別し、2つの側面からとらえることを試みている。

競争的達成動機とは、他者をしのぎ、他者に勝つことで社会から評価されることをめざす動機のことである。競争的達成動機は、次の3項目で測定される。

・人と競いあいながらやる方が自分の可能性を引き出せると思う
・みんなが難しいと思っていることをやりたい
・勉強や仕事に努力するのは、他の人に負けないためだ

一方、自己充足的達成動機とは、他者や社会の評価にはとらわれず、自分なりの達成基準への到達をめざす動機のことである。自己充足的達成動機は、次の3項目で測定される。

・人と競争することより、人と比べることができないようなことをして自分を生かしたい
・いろいろなことを学んで自分を深めたい
・結果は気にしないで何かを一生懸命やってみたい

アメリカの研究などをみると、達成動機の強い人、いわばモチベーションの高い人は競争心の強い人といったイメージがあるが、協調的に目標を達成していくといったスタイルが奨励される日本では、モチベーションが必ずしも競争心と結びついているわけではない。人に勝つかどうかに関係なく、自分自身の能力開発や成長を目指すという形の達成動機もごくふつうにみられるであろう。

ここから示唆されるのは、モチベーション・マネジメントの手法として、競争心を刺激することでモチベーションを高めるという方法と、本人自身の成長に目を向けさせることでモチベーションを高めるという方法があるということである。

第3章
内発的動機づけによるモチベーション・マネジメント

X理論——アメとムチによるマネジメント

20世紀半ばにおいては、多くの企業のモチベーション・マネジメントはアメとムチによるものであった。それは、マズローの欲求の階層説でいえば、生理的欲求および安全の欲求に対応するものだった。

このようなマネジメントのことをマグレガーはX理論と呼んだ。マグレガーによれば、X理論には、次のような視点が含まれている。

①ふつうの人間は生来仕事が嫌いで、できることなら仕事はしたくないと思っている

経営者が生産性を強調し1日の適性労働量という考えを持ち出すのも、業績を上げたら報償すると強調するのも、経営者はみな心の底では、人間は生まれながらにして仕事が嫌いであると信じ、またそうした性向に抗わねばならないと信じているからである。

②仕事が嫌いという人間の特性ゆえに、たいていの人間は、強制されたり、統制されたり、命令されたり、処罰すると脅されたりしなければ、企業目標を達成するために十分な力を発揮しないものである

仕事が嫌いという特性は非常に強いため、報酬を与えるといってもなかなかこの特性に打ち克てない。だんだん高い報酬を要求するようになり、そのうち報酬だけでは効果がなくなってしまう。そこで罰によって脅しをかけることが必要になる。

③ふつうの人間は、命令される方が好きで、責任を回避したがり、あまり野心ももたず、何より

もまず安全を望むものである
　この大衆は凡庸であるという考えは、あまりはっきりと口にされることはないが、大多数の経営者は密かにそのような考えを支持し、組織の方針にもそうした考え方が反映されている。

アメとムチではうまくいかない

　X理論では、もともと人間は怠け者で、強制的に駆り立てられないとちゃんと働かないとみなす。ゆえに、しっかり管理し、命令して働かせることになる。

　だが、人間には自律や責任を求める気持ちもある。管理され、命令されるだけではモチベーションが上がらず、自分の裁量権を与えられ、任されることでモチベーションが上がるということがある。与えられたやり方にただ従うだけでなく、自分なりに知恵を絞って創意工夫することが充実感につながる。そう考えると、アメとムチのX理論では限界があるということになる。それについて、マグレガーはつぎのように指摘する。これは、マズローの欲求理論に基づく考え方といえる。

　欲求が満たされると、それはもはやモチベーションの元ではなくなる。このことがX理論では見逃されている。たとえば、生理的欲求が適度に満たされれば、つぎの次元の欲求がモチベーションの原動力となる。それは安全の欲求である。それらの欲求がある程度満たされると、社会的欲求がモチベーションの原動力となる。集団の帰属したいという欲求や同僚から受け入れられたいという欲求、友情や愛情を交換したいという欲求などである。このような社会的欲求の上に承認と自尊の欲求がある。自尊心と自信をもちたいという欲求、そのためにも人から認められたいという欲求である。このような社会的欲求や承認欲求がX理論では考慮されない。

「『アメとムチ』で従業員にやる気を起こそうとする理論はX理論につきものであるが、かなりうまくいく場合もある。生理的欲求と安全に対する欲求（全部とはいかないが）を満たす『手段は』経営者が加減しうるものである。雇用関係それ自体がいわばこの手段なのであり、賃金・作業環境・福利厚生も同様である。生きていくためにアクセクしてるときなら、このやり方で人を使うこともできる。パンがあまりないときは人はパンだけのために一生懸命になるものだから。

しかし『アメとムチ』の理論は、一応の生活水準に達し、生理的欲求、安全に対する欲求より高い次元の欲求がやる気を起こす原動力となったときには全くきき目がなくなってしまう。『アメとムチ』では経営者は自尊心をうえつけてやることも、同僚から尊敬の念を得るようにしてやることも、自己実現の欲求を満足させてやることもできないのである。」（D・マグレガー　高橋達男訳『企業の人間的側面（新版）』産業能率大学出版部）

「低次元の欲求を満足させられるようにしたために、経営者はもはやX理論で教わった統制方法、つまり報酬・約束・報奨金とか脅かしや強制といった方法を自分で使えなくしてしまったのである。」（同）

「従業員が重要な欲求を職場において満たす機会が与えられないと、まさしく、私が予測したような行動をするのである。怠けたり、命ぜられたことしかやらなくなり、責任を回避し、現状を改めることをきらい、扇動者に付和雷同し、不当な賃上げを要求するようになるのである。」（同）

Y理論の考え方

生理的欲求や安全の欲求が適度に満たされ、それらがモチベーションの原動力にならなくなり、X理論では従業員を動かすことができなくなった時代において有力視されるようになったのが、マグレガーがY理論と名づけた考え方である。マグレガーによれば、Y理論には、つぎのような視点が含まれている。

①仕事で心身を使うのはごく当たり前のことであり、遊びや休憩の場合と変わりはない
ふつうの人間は、生来仕事が嫌いということはない。条件次第で仕事は満足感の源泉にもなり、逆に懲罰の源泉とも受け取られる。

②外から統制したり脅したりすることだけが企業目標達成のために努力させる手段ではなく、人は自分から進んで身を委ねた目標のためには自ら自分にムチ打って働くものである

③献身的に目標達成に尽くすかどうかは、それを達成することで得られる報酬しだいである
報酬として最も重要なものは、承認と自尊の欲求や自己実現の欲求の満足であるが、企業目標に向かって努力することでこの最も重要な報酬にありつけることになり得るのである。

④ふつうの人間は、条件次第では責任を引き受けるばかりか、自ら進んで責任を取ろうとする
責任回避、野心のなさ、安全第一というのは、たいていは体験に基づいてそうなるのであって、人間本来の性質ではない。

⑤企業内の問題を解決しようと比較的高度の想像力を駆使し、手段をつくし、創意工夫をこらす

能力は、たいていの人に備わっているものであり、一部の人だけのものではない。

⑥現代の企業においては、通常従業員の知的能力はほんの一部しか生かされていない

このようにY理論は、人間が成長し発展する可能性があり、マネジメントには唯一絶対の形はなく、その場その場に応じたやり方を取る必要があることを強調する。経営者が従業員の能力をうまく活用できないのは、従業員の人間性の問題ではなく、その能力を引き出す手腕が経営者にないからであるとする。

「もしも従業員が怠けていて、無関心で、責任をとりたがらず、かたくなで、創意工夫がなく、非協力的であるとしたら、Y理論によればその原因は経営者の組織作りのやり方や統制方法にあることになる。」（D・マグレガー　高橋達男訳『企業の人間的側面（新版）』産業能率大学出版部）

また、その後重要視されるようになってきた目標管理や職務充実なども、マグレガーのいうY理論の発想に基づくものといえる。

マグレガーの紹介者である高橋は、目標によるマネジメントというときの「目標」にY理論の発想が生かされるべきであるとして、つぎのような要件を指摘している。

①各従業員のアクションに直結する具体的な目標であること

抽象的な社是・社訓のようなスローガンや方向づけではなく、各従業員が自分が何をなすべきかを具体的に示すものでなければならない。

②目標の設定にあたって従業員の参加を認めたものであること

この参加を利用して、経営者・管理者は、従業員に目標を説明し、理解させ、納得させるのであ

る。経営者・管理者が熱誠をこめて説得すれば必ず従業員は燃えるのであるが、そのためには説得者の方がY理論を信じていなければならない。そこではX理論からY理論への人間観の転換が必須となる。

③目標の達成過程においては、自己統制を旨とし、達成に必要な分権を行うこと

目標が設定されたからには、その達成過程は、当事者の自由裁量に任せることとし、一切の報告はとらない。目標達成に必要な権限は、予算をはじめ、すべて委譲するという分権体制をとることである。言い換えれば、当事者に失敗権を認め、経営者・管理者は無干渉の義務を守ることである。当事者は失敗を通じて成長することを信じ、試行錯誤こそ最大の教育手段であると信じるのである。ここにおいてもY理論が生かされることになる。

ただし、Y理論が万能というわけではなく、場合によってはX理論に基づくモチベーション・マネジメントが必要となることがある。マグレガー自身もそうした問題に気づいていたが、X理論とY理論を統合するZ理論がオオウチにより提唱された。

オオウチは、日本企業とアメリカ企業の比較検討を行い、日本的経営はX理論とY理論の長所を併せもつとみなした。

内発的動機づけの発見

X理論の問題点は、人間はアメとムチによってしか動かないとみるところにあった。外からの報酬や罰がなくても自ら動く側面を見逃していた。そこで注目されるのが内発的動機づけである。

エドワード・マレーは、探索行動や遊びのように、何ら報酬なしに、活動それ自体のために取られる行動に着目し、外発的動機づけと内発的動機づけを区別する必要があるとした。

マレーは、報酬を得るために行動する外発的動機づけに対して、感性、好奇、活動、操作、認知などの新たな動機の証拠をあげ、このような動機を内発的動機と呼ぶことにしようと提案した。そこでは、活動そのものが目的となり、いわば内的な報酬となっているのである。

感性動機とは、環境的な刺激を求めることであり、その存在を示す証拠として、感覚遮断実験があげられる。これは、暗い防音の部屋でひたすら寝るだけで報酬がもらえるという実験だが、あまりの刺激の乏しさに耐えられず、実験参加者はもっと報酬が少なくても刺激のある環境のもとで作業をする仕事の方を好んだのだった。

好奇動機とは、新奇なものに好奇心をそそられることであり、サルの好奇心に基づく行動を証明したバトラーの実験が知られている。

この実験では、サルは薄暗い箱の中に入れられ、壁には2つの窓があった。ひとつの窓は黄色に塗られ、もうひとつの窓は青色に塗られていた。そして、黄色の窓はいつもカギがかけられており、青色の窓はカギがかかっておらず、サルが青色の窓を押すと、窓が開いて30秒間外（実験室内）の様子を眺めることができた。

すると、サルは、すぐに青色の窓を好んで押すようになった。何ら外的な報酬はないのに、好奇心を満たすという報酬のためにこの反応を学習したばかりでなく、驚くほど飽きずにこの反応を繰り返した。あるグループのサルは、6日間にわたって毎日10時間この箱に入れられたが、およそ40

%の時間を視覚的探索行動に費やした、つまり窓から外を眺めて過ごした。さらに、実験室内に何も置いてない場合とオモチャの汽車が走っている場合を比べると、オモチャの汽車が走っている場合の方が窓を開ける回数が多くなった。

活動性動機とは、ただ活動することを求めることをさすが、赤ん坊がひたすら何かをつかんだり引っ張ったりを飽きずに繰り返したり、歩き始めの子が何度転んでも立ち上がって歩こうとしたりするのも、内的に動機づけられた行動であり、活動そのものが報酬となっているとしか思えない。ハイハイできるようになった乳児や歩けるようになった幼児が、そこら中を動き回る探索行動も、それ自体が目的であり、好奇心を満たしたり活動欲求を満たしたりすることが内的報酬になっているとみることができる。このような行動には、ホワイトの言うコンピテンス動機、つまり自分の有能さを感じたいという動機も含まれると言ってもよいだろう。

操作動機とは、何らかの操作に好んで没頭することをさすが、ハーローはパズルを用いてサルの操作動機を証明する実験を行っている。パズルが置いてある檻に入れられたサルは、パズルが解けるとエサがもらえるというような外的報酬が何もなくても、パズルに根気よく取り組み、12日間のうちにほぼ完全に解けるようになった。これは操作動機の存在を証明したものといえるが、どうやったら解けるのかを理解したいという欲求に基づく行動とみることもでき、認知動機によるものとみなすこともできるだろう。いずれにしても内的に動機づけられた行動といえる。私たち人間が、解けたらお金がもらえるというようなことがなくてもパズルを楽しむのも、同様に内的に動機づけられた行動ということになる。

内発的動機づけとは

内発的動機づけに関する原点となることを目指して『内発的動機づけ』という著書をまとめたディシは、内発的動機づけをつぎのように説明している。

「内発的に動機づけられた行動とは、人がそれに従事することにより、自己を有能で自己決定的であると感知することのできるような行動である」（ディシ『内発的動機づけ』）

ここでのキーワードは自己決定的というものであろう。

外発的動機づけでは、動物ならエサ、人間ならお小遣いや給料など、外的報酬によって一定の行動をとるように仕向けられるのであり、その行動は自己決定によって起こされるのではない。やらされるのである。

ディシは、内発的動機づけと外発的動機づけは、外から報酬が与えられたり拘束されたりということがあるかどうかによって区別されることが多いが、それは人間の精神とほとんど関係のない表面的定義にすぎないという。

要するに、ご褒美をもらうためにある行動を取るという場合も、罰を免れるためにある行動を取るという場合も、自ら進んで行っているのではなくやらされているわけであり、賞罰の有無よりも自己決定が行われていないという点に着目する必要があるというのである。

ディシたちは、どのパズルをやるかを本人に選ばせた場合と、このパズルをやるようにと割り当てられた場合の熱中度を比べ、自己選択の機会を与えられた者の方が内発的に動機づけられる、つまり何ら報酬がなくても熱心にパズルに取り組むことを確認している。

このように自己決定というものが内発的動機づけの重要な構成要素となっている。ゆえに、内発的動機づけによって動いているのかどうかは、それが自己決定によって行われているかどうかで決まるといえる。

これをビジネスの場面に当てはめて考えると、外発的動機づけというのは、給料・賞与、昇進、賞賛・表彰などの外的報酬によってモチベーションを高めることをさす。そこには自己決定という感じはない。給料も昇進も賞賛も他者の意向によって与えられるものであり、それを与えてもらうために頑張るとしたら、その行動は自己決定されたものとはいえない。たとえ仕事を頑張っていたとしても、外的報酬を与える立場にある人物によって頑張るように仕向けられているといった感じになる。

一方、内発的動機づけとは、好奇心、達成感、責任感、成長感、熟達感、充実感などの内的報酬によってモチベーションを高めることをさす。仕事が楽しいから頑張れる。仕事にやりがいを感じるから頑張れる。仕事をしていると自分の成長が感じられるから頑張れる。仕事をしていると充実した時間を過ごせるから頑張れる。このような場合、人から外的報酬をもらうために頑張っているわけではなく、仕事をすることそのものに魅力を感じているのであり、その行動は自己決定されたものといえる。

高額な報酬の是非

給料できちんと報いさえすれば、従業員はまじめに働くはず。そんな風に考える経営者が多いようである。それは経済学の世界では妥当とみなされるかもしれないが、心理学の世界では必ずしも妥当とはみなされていない。むしろ給料で十分に報いることの弊害さえも指摘されている。

フェッファーは、高額の報酬の影響についての検討を行っている。高額の報酬によって個人の内発的な動機がどう影響を受けるかについては、多くの研究が行われており、単に報酬が高額なだけでは内発的動機が減退し、創造性や斬新性を要求する業務においては、業績を下げることにもなりかねないことが指摘されている。

それらを踏まえて、フェッファーは、次の2点を指摘する。

第一に、高額な報酬を受け取っていると、

「こんなに高い金をもらわなければ働かないのだから、自分はこの仕事が好きではないのだ」

とか、

「こんなに稼いでいるのだから、自分は金のためにこの仕事をしているのだ」

などと考えやすく、仕事に対するモチベーションが弱まりかねない。

第二に、高額な報酬を受け取っていると、

「金だけでは操られないということを会社に示してやる」

などと考え、コントロールされているという感覚への反発から、仕事へのモチベーションが低下することになりかねない。

こうした問題は、高額な報酬が引き起こすだけではない。そもそも給料のために働く、昇進のために頑張るといった外発的動機づけの意識が、仕事をつまらなくさせ、仕事へのモチベーションに悪影響を与えるということが考えられる。

それに関しては、ディシたちが多くの実験的検討を行っている。

外発的動機づけの弊害

ディシやレッパーたちは、外発的動機づけが内発的動機づけに与える影響を検討する実験を行っている。

ディシは、おもしろいパズルをたくさん用意して、パズルの好きな大学生に解かせるという実験を3日間にわたって行った。その際、A・Bの2グループが設定された。1日目は、両グループともただ好奇心のおもむくままにいろんなパズルを解く。2日目には、Aグループのみパズルが1つ解けるたびに金銭報酬が与えられた。Bグループは、前日同様ただ好きに解くだけだった。そして、3日目は、両グループともただ好きに解くだけだった。

つまり、Bグループに割り当てられた人は、3日間とも興味のままにパズルを解いて楽しんだわけだが、Aグループに割り当てられた人は2日目のみパズルを解けるたびにお金をもらえるという経験をしたのだった。

3日間とも、合間に休憩時間を取り、実験者は8分間いなくなった。その間は何をしていてもよ

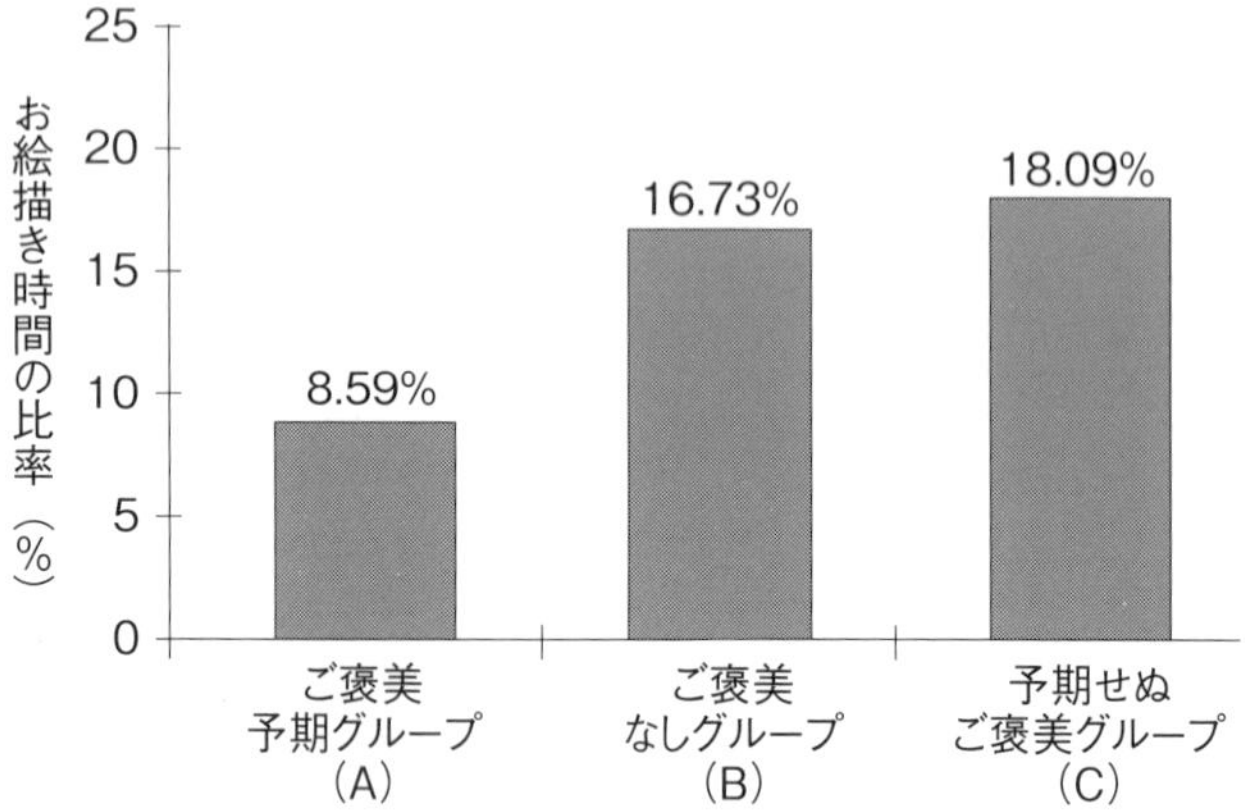

（図－7）実験後の自由遊び時間にお絵描きに費やす時間（レッパー 他、1973）

いと告げられた。この自由時間に自発的にパズルを解き続けるかどうかが、この実験のポイントだった。

その結果、Aグループのみ、3日目にパズル解きへの意欲の低下がみられた。

元々はみんなパズルを解くのが好きで、パズルを解くこと自体に喜びを感じていた。パズルを解くこと自体が目的だった。つまり、パズルを解くのは内発的に動機づけられた行動だった。ところが、パズルを解けたらお金をもらえるという経験をすることによって、パズルを解くのはお金をもらうための手段となった。こうしてパズルを解くことは、金銭報酬によって、内発的に動機づけられた行動から外発的に動機づけられた行動へと変質してしまった。ゆえに、お金がもらえないときには自発的にパズルを解くことが少なくなったのである。

レッパーたちは、日頃から絵を描くのが好きな幼児たちを選んで、お絵かきの実験を行った。その際、子どもたちは3つのグループに分けられた。第1のご褒美予期グループ（A）の子どもたちは、うまく描けたらご褒美をあげると言われ、結果的に全員がご褒美をもらえた。

第2のご褒美なしグループ（B）の子どもたちは、絵を描きましょうねと言われて絵を描いて遊んだ。第3の予期せぬご褒美グループ（C）の子どもたちは、ご褒美のことは言われずにただ絵を描きましょうねと言われて絵を描いて遊んだのだが、終わったところで思いがけずご褒美をもらえた。

このような実験をしてから7～14日後に自由遊び時間の行動を観察したところ、ご褒美予期グループの子どもたちは、他の2つのグループの子どもたちと比べて、お絵かきに費やす時間が明らかに少なかった。それは、お絵かきがご褒美をもらうための手段となり、絵を描くということが、内発的に動機づけられた行動から外発的に動機づけられた行動へと変質してしまったためと考えられる（図－7）。

このように、元々自発的に行っていたことであっても、外的報酬を与えられることによって内的報酬が機能しなくなり、やらされているといった感じになり、外的報酬が与えられないとやる気がしなくなってしまうのである。これをアンダー・マイニング効果という。

ただし、レッパーの実験から示唆されるのは、ご褒美という外的報酬をもらうことが問題なのではなく、ご褒美という外的報酬を意識することが問題だということである。結果的にご褒美をもらっても、行動している際にご褒美を意識していなければ、やらされ感は生じず、内発的動機づけは低下しない。

これを実際のビジネスの場に当てはめると、仕事そのものに喜びややりがいを感じて働いていた人が、給料や昇進といった外的報酬を意識して働くようになることで、働くことは内発的に動機づけられた行動から外発的に動機づけられた行動へと変質する。つまり、仕事そのものに喜びややりがいを感じなくなり、やらされているといった感じになってくる。

その結果、給料が上がったり昇進したりすれば仕事へのモチベーションを維持できるが、そうした外的報酬で十分報われない場合には仕事へのモチベーションが低下してしまう。

報酬には2つの側面がある

ディシは、外的報酬が内発的動機づけを低下させることを証明したが、賞賛などの外的報酬が内発的動機づけを高めることもあることから、報酬の2つの側面を区別する必要があるとしている。

それは制御的側面と情報的側面である。

制御的側面とは、報酬を与えられることで相手の意のままにコントロールされる立場になることを意味する。報酬を意識して行動するとき、このような立場で動いていることになる。

情報的側面とは、行動に対する評価のフィードバックを意味する。とくに、自分の有能さを感じさせてくれる正のフィードバックが重要な意味をもつ。

外的報酬が内発的動機づけを低下させるのは、制御的側面を意識することで、自律性の感覚が損なわれるからである。やらされているという感じになるため、モチベーションが低下するのである。

ただし、外的報酬であっても、正のフィードバックとして報酬が与えられた場合は、有能感が刺激され、内発的動機づけが高まる。つまり、モチベーションが高まる。

フィードバックといっても、「～すべき」のような押しつけがましい言い方は内発的動機づけを低下させることが示されている。そうでなくて、「うまくできたからご褒美がもらえた」「良い結果を出せたから褒めてもらえた」のように思うことができれば、内発的動機づけが損なわれることはない。

つまり、モノや金であれ言葉であれ、外的報酬によって自分の行動がコントロールされていると感じれば内発的動機づけは低下するが、外的報酬によって自分の有能さを感じることができれば内発的動機づけは高まるということができる。

ただし、日本の場合は成果がすべてというより取り組み姿勢を評価する、あるいは評価してほしいと期待する風潮があるので、正のフィードバックも必ずしも成果に対して与えられるわけではない。たとえば、頑張ったことに対して褒めるということはよくあるし、「一生懸命やったから褒めてもらえた」と思うことで内発的動機づけは高まると考えられる。

罰金の逆効果

X理論、あるいは行動主義に基づく学習理論のように、アメとムチの発想に立てば、仕事上の落ち度があり、それが繰り返される場合には、何らかの罰を与えることになる。そして、それにより改善が期待されると考える。

だが、実際はどうもそう簡単にはいかないようだ。経済学者ニージーとルスティチーニが、そのことを示唆する実験をイスラエルの保育園を舞台に行っている。

保育園では、保護者が迎えに来ないと業務が終了しないため、約束の時間に迎えに来ない保護者には手を焼くことになる。そこで、閉園時間を過ぎても子どもを迎えにこない保護者に罰金を科すことで、迎えに遅刻する保護者を減らすことができるのではないかと考え、罰金制度の効果を試してみることにした。

閉園時間までに子どもを迎えに来なかった場合は罰金を取ることを保護者たちに知らせたのだが、罰金制度はうまく機能しなかった。罰金制度を導入することにより迎えに遅刻する保護者が減るどころか、逆に徐々に増えていき、ついに罰金制度を導入する前の2倍になってしまったのである。

なぜこのようなことになるのか。そこには、外的報酬（この場合は罰金という負の報酬）によるアンダー・マイニング効果が働いたと考えられる。

罰金制度導入前には、遅刻しないように迎えに行くというのは、内発的に動機づけられた行動だった。保育士の人たちに迷惑をかけてはいけないと思い、自ら進んで遅刻しないように迎えに行っていた。

ところが、罰金制度が導入されると、遅刻しないように迎えに行くというのは、外発的に動機づけられた行動になってしまった。「遅刻したら罰金を取られる」「罰金を取られないためには遅刻しないようにしないといけない」ということになると、遅刻しないという行動は、自律的に取られる行動でなく、強制的に取らされる行動といったニュアンスになる。それによって内発的動機づけが低下してしまうのである。

こうしてみると、従業員の好ましくない行動パターンを変えるのも容易でないということがわかるだろう。

「やりがい」を感じる仕事

統計数理研究所は、5年ごとに「日本人の国民性調査」を実施している。最新版の2013年の調査データをみてみよう。そのなかに就職にあたって最も気になることを選ばせる質問項目がある。最も多かったのは「やりとげたという感じがもてる仕事」で44％と半数近くが選んでいた。「倒産や失業の恐れがない仕事」を選んだ者は19％、「かなりよい給料がもらえる会社」を選んだ者は9％となっている。このように仕事の達成感を求める者が圧倒的に多いことがわかる。

第1章でも触れたが、野村総合研究所が2005年に上場企業の20代・30代正社員1000名を対象に行った「仕事に対するモチベーションに関する調査」の「やりがいを感じる仕事とは何か」という質問項目において、最も多かった回答は「報酬の高い仕事」であったが、これに続いて「自分だけにしかできない仕事」「新しいスキルやノウハウが身につく仕事」「自分の実績として誇れる仕事」「お客様から感謝される仕事」などが選択されていた。これにより、成長欲求や承認欲求を満たしてくれる仕事を求める者が多いことがわかる。

さらに、「社会的意義がある・貢献のし甲斐のある仕事」や「自ら創意工夫ができる仕事」が選択されており、意味への欲求や創造性の欲求を満たしてくれる仕事を求める者が多いことがわかる。

内発的動機づけを高める職務特性

ワイスたちの職務満足を測定する尺度（ＭＳＱ）（表－２）は、内発的動機づけ面での職務満足度と外発的動機づけ面での職務満足度を要素ごとに測定できるようになっている。

たとえば、内発的動機づけに関しては、「いつも忙しく仕事ができること」によって、「活動性欲求」が満たされる。「ときどき違ったことをする機会」によって、「多様性（あるいは変化）を求める欲求」が満たされる。「あなたの能力を生かせることをする機会」によって、「能力発揮（あるいは自己実現）求める欲求」が満たされる。

外発的動機づけに関しても、「昇進・昇格の機会」によって、「昇進・昇格（あるいは承認）欲求」が満たされる。「よい仕事をしたときのあなたへの賞賛」によって、「承認欲求」が満たされる。

モチベーション・マネジメントの視点からは、内発的動機づけをいかにして高めるかが大きな課題となる。そこで、もう少し突っ込んで、内発的動機づけを高める職務特性についてみていくことにする。

ハックマンとオルダムは、職務というものは有意義感の欲求、責任の欲求、フィードバックの欲求などを満たす必要があるとした。このような欲求を満たす仕事のことを充実した仕事という。

そして、成長欲求の高い人物は、充実した仕事に就くことにより満足度が高まり、業績が向上するとしている。ここには個人差の視点が入っているが、それは重要なことである。たとえば、社会に役立っている、人のためになっているといった有意義な仕事より無意味な仕事の方がよいという

（表－2）ミネソタ職務満足尺度（MSQ）の項目（井手，2000 を一部修正）

現在の仕事に関し以下の項目についてどのように感じていますか。
次の 5 段階で答えてください。

1. 非常に不満足　2. 不満足　3. 満足か不満足かどちらとも決められない　4. 満足　5. 非常に満足

1. いつも忙しく仕事ができること（内発的、活動性）。
2. 自分 1 人で仕事する機会（内発的、独立性）。
3. ときどき違ったことをする機会（内発的、多様性）。
4. 地域で「一目置かれる人」になる機会（外発的、社会的地位）。
5. あなたの上司の部下への接し方（外発的、指導―人間関係）。
6. あなたの上司の判断能力（外発的、指導―専門性）。
7. 良心に反しない行動をとれること（内発的、道徳価値）。
8. 雇用の安定という点から見たあなたの仕事（外発的、雇用安定）。
9. 他の人のためになることをする機会（内発的、社会貢献）。
10. 他の人にどうしたらよいかを教える機会（内発的、権威）。
11. あなたの能力を生かせることをする機会（内発的、能力発揮）。
12. 会社の方針を実行するやり方（外発的、会社の方針と実行）。
13. あなたの給与と仕事の多さの関係（外発的、給与）。
14. 昇進・昇格の機会（外発的、昇進・昇格）。
15. 自分の判断の自由度の大きさ（内発的、責任）。
16. 自分のやり方で仕事をすすめてみる機会（内発的、独創性）。
17. 労働条件（外発的、労働条件）。
18. 同僚との人間関係（外発的、同僚）。
19. よい仕事をしたときのあなたへの賞賛（外発的、承認）。
20. 仕事から得る達成感（内発的、達成）。

※：カッコ内は満足の種類を示すもので実際の質問項目にはない。

者はいないだろう。だが、仕事を任されることでモチベーションが上がる人もいれば、任され責任を負うのは負担だし不安なので指示通りに動く方が安心だしラクでよいという人もいる。こうしてみると、モチベーション・マネジメントの具体的な方法は個別に工夫する必要があることがわかる。

ハックマンとオルダムは、内発的動機づけを高める職務特性として重要な5つの要素をあげている。

①**多様性**……単調な仕事でなく、多様な操作やスキルが必要だったり、変化があったりすること
②**完結性**……部分的な作業をするのみで全体が見渡せないということがなく、仕事全体を見渡すことができ、自分の仕事の位置づけができること
③**重要性**……社会的意義がわかるなど、やっている仕事の重要性や有意味性が感じられること
④**自律性**……命じられるままに作業をするというのでなく、自ら計画を立てたり、方法を工夫したり、自律的に取り組めること
⑤**フィードバック**……自分の仕事の結果がわかり、今後の改善のための有益な情報が得られること

このような特性をもつ仕事が職務満足をもたらしやすい充実した仕事ということになる。

エヴァンスたちは、大手自動車メーカーの調査研究により、右の5つの職務特性を高く知覚するほど仕事へのモチベーションが高く、職務態度も好ましいことを見出している。5つの職務特性のなかでも、とくに自律性とフィードバックがモチベーションに強い影響力をもつことがわかった。

カークパトリックは、校正を課題とした研究において、自律性と責任の度合いを操作し、それらが業績に与える効果を測定した。その結果、責任を増やすことで、自己設定目標の困難度が高まり、コミットメントも上昇することがわかった。さらには、その目標の高さによって、個人の業績も高まった。ここから言えるのは、責任をもたせるという形で職務を充実させると、本人の内発的動機づけが高まり、目標を高く設定し、業績も向上することが期待できるということである。

キャンピョンとセイヤーは、5つの工場の121種類の職務を調査し、充実度の高い職務ほど、従業員の満足度や業績が高く、欠勤率は低いことがわかった。また、フレーゼたちは、成長を促進する仕事が、それに従事する人の自主性を高めることを見出している。

知的好奇心を刺激するような職務課題を与えるということも、モチベーション・マネジメントとして重要な意味をもつと考えられる。

バーラインは、自分が知っていることとの間にズレや矛盾があると知的好奇心が刺激されるという。またハントは、認知的なギャップが中程度のときに知的好奇心が最も高まるという。レーベンシュタインは、こうした知見を踏まえて、自分が知っていることと知りたいことのギャップが埋められそうに思えるときに知的好奇心が刺激されるとしている。

日常生活を振り返っても、自分が知っていることそのままだったら好奇心もそそられないが、まったくわからないとなると関心がもてず、これまた好奇心はそそられない。よくわからないけど、真剣に取り組めば理解できるかもしれないというときに好奇心が刺激されるはずである。このことは、仕事に限らず、パズルやゲームにも当てはまる。易しすぎてもつまらないし、難しすぎてもチャレンジする気になれない。

ゆえに、従業員のモチベーションを上げるには、知識やスキルに関して、少し努力すれば埋められそうなギャップのある課題を与えることで知的好奇心を刺激するという方法が有効といえるだろう。

内因的コミットメント

仕事への取り組み姿勢に関して、コミットメントという言葉もよく耳にするようになった。これは献身とか傾倒と訳されるが、本気になって取り組むこと、責任をもって取り組むことを意味する。アージリスは、コミットメントの状況によって、人間的エネルギーが活性化され、持てる能力が発揮されもするが、逆に意欲の喪失を引き起こすこともあるという。コミットメントがなければ、どんな仕事も中途半端に終わってしまう。

アージリスによれば、企業組織のメンバーは、職務に対して、本質的に異質な2つの形でコミットすることになる。それは、外因的コミットメントと内因的コミットメントである。エンパワーメントと密接な関係を持ち、その成否のカギを握るのは内因的コミットメントである。

外因的コミットメントは、契約項目・職務規程の遵守と言い換えることができる。職務に関することを会社側が一方的に決め、それを厳密に守るように従業員に求めるようなケースでは、従業員の側は外因的コミットメントのみを示すことになる。これは、形だけ職務をこなすという感じになる。

（表－3）コミットメントの２つの形式（アージリス，1998）

外因的コミットメント	内因的コミットメント
遂行項目、作業内容が他者によって決定される。	遂行項目、作業内容を個々の人間が考え、決定する。
職務遂行に必要な態度、行動が他者によって決定される。	職務遂行に必要な態度、行動様式を個々の人間が決める。
担当業務、作業の到達点が会社側によって決定される。	従業員の意欲をかき立てる、やりがいある目標、業務上のゴールを会社サイドと従業員が一緒に決める。
業務到達、作業完遂の重要性が他者によって決定される。	目標ゴールの重要性を当事者が決定する。

一方、内因的コミットメントというのは、その名のとおり、本人のやる気、自発性に基づく取り組みのことである。本気になって取り組む、責任をもって取り組むという意味でのコミットメントは、この内因的コミットメントのことといってよい。

従業員の内因的コミットメントを引き出したいのであれば、仕事上の目標をどう設定するか、どのようにしてそれを達成するかなどについて、従業員と協議しながら決定する必要がある。

外因的コミットメントに傾きがちな組織の性質と内因的コミットメントを引き出しうる組織の特徴について、アージリスは表のようにまとめている。モチベーション・マネジメントの観点からは、この対照性に留意しながら、内因的コミットメントを促すような環境を整えていくことが大切である。

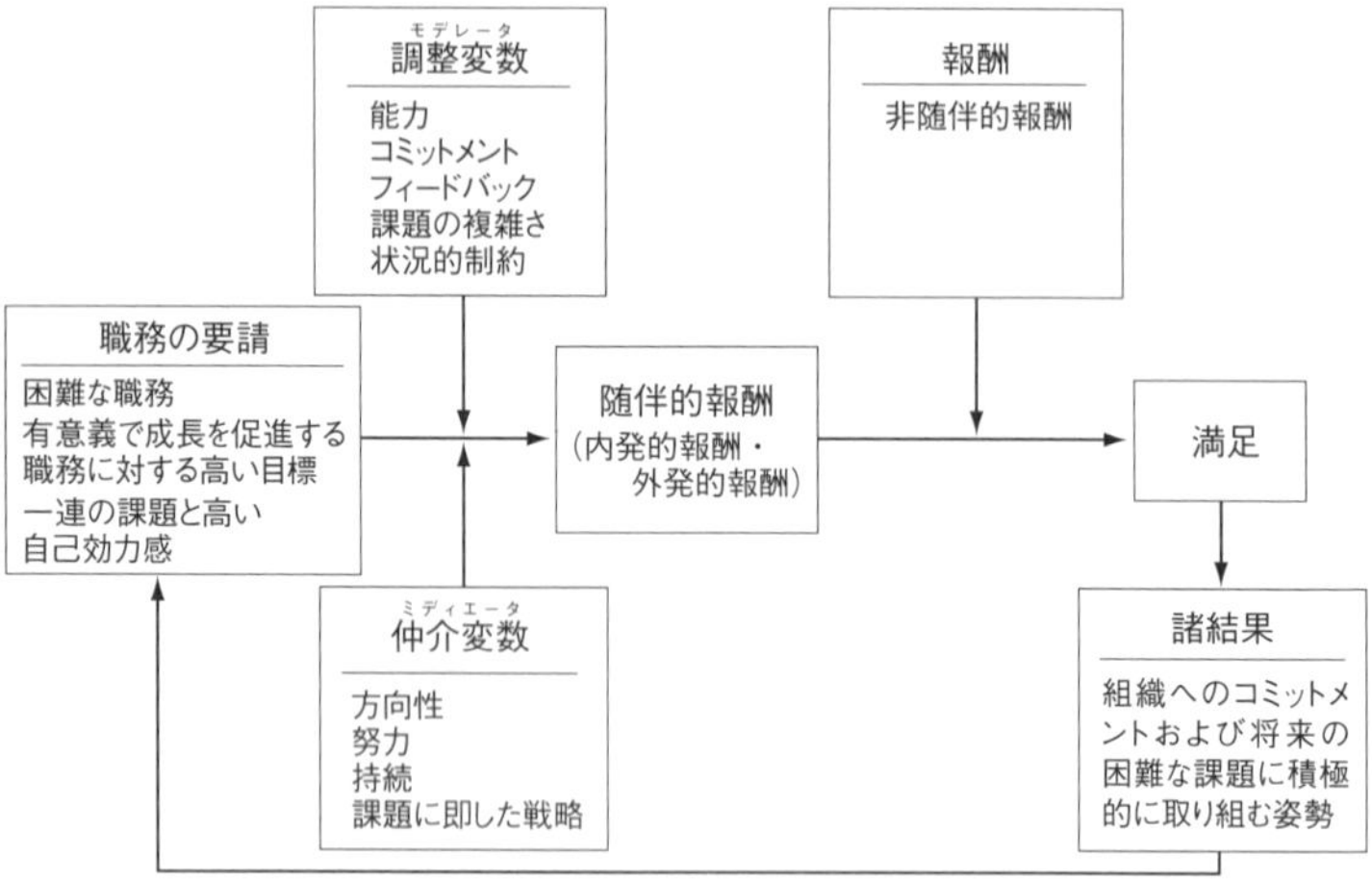

（図－8）高業績サイクル（レイサム，1990；レイサム，2007より）

高業績サイクル

高業績サイクルとは、20世紀の終わりにロックとレイサムが、ワーク・モチベーションを予測・説明し、それに影響を与える枠組みとして構築したものである。

図－8に示したのが高業績サイクルである。要するに、高業績サイクルでは、従業員が高い業績を上げるための推進力となるのは、「具体的で困難な目標」と、それを達成できると思う「高い自己効力感」であるとされる。

レイサムによれば、具体的で困難な目標と高い自己効力感は、行動の方向性と発揮する努力や目標達成までの粘り強さに影響する。さらに、効率よく目標を達成するための戦略を発見しようという動機も高める。

具体的で困難な目標が業績に与える効果は、個人の能力、成長促進的な職務特性、状況的制約、目標に関してもたらされるフィードバック、目標への個人のコミットメントによって影響を受ける。

そして、意義があり、成長を促進し、外的にも内的にも高い報酬につながる課題において高い業績を上げると、高い職務満足が生じる。その結果、今の組織に止まり、この先も積極的に課題に取り組もうという意思が生まれる。これが高業績サイクルである。

第4章 外発的動機づけによるモチベーション・マネジメントの工夫

外発的動機づけは悪ではない

X理論に基づいてアメとムチで動かす外発的動機づけの欠点が指摘され、好奇心や成長感を刺激する内発的動機づけの大切さが認識されるようになって、外発的動機づけは悪玉視されている観がある。

とくに教育現場では、内発的動機づけだけが望ましく、外発的動機づけは極力排除すべきといった雰囲気さえある。知識の詰め込みはいけない、本人の興味・関心を大切にするべき、学びを強制してはいけない、といった感じになっている。

しかし、好きなことだけ学ぶということでよいのだろうか。それでは世界が狭くならないだろうか。何の強制力もなく、好きなことを勉強するようにと言っておいて、

「こんな勉強をしてみたい」

と言い出すものだろうか。何を勉強したらよいかわからないというようなことにならないだろうか。かりにこんな勉強をしてみたいと言い出したとしても、学び始めてから、

「この勉強は楽しい。もっとわかるようになりたい」

と思うようになるものだろうか。どんな勉強にも地道な努力が求められるが、好きにさせておいても忍耐強く取り組み続けられるだろうか。

現に学力の低下という問題も深刻化している。実際、

「私は受験もなかったし、先生に質問に行ったりしていい関係を築いていれば内申書は良くなるし、

まじめに勉強をしたことがないから授業を聴いても教科書を読んでも全然わからないんです」などという学生も少なくない。

やはり興味のあることだけやらせるべきで強制してやらせるのは良くないという、内発的動機づけ至上主義的な発想は、あまりに現実にそぐわないのではないだろうか。

試験やレポートを課され、やらなければならなくなって、いわば仕方なくやらされることによって、思いがけないワクワクする世界に出会うということもあるだろう。必要に迫られて調べごとをしたり、理屈を必死に理解しようとしたり、発想を練ったりしているうちに、好奇心が刺激されたり、わかるようになっていく喜びを感じたり、のめり込んでいったりして、その充実の中で楽しさを感じることもあるだろう。

必要に迫られなかったら、そのような楽しみは得られなかったはずである。

仕事でも、はじめから仕事が楽しくてしようがないというような人はほとんどいないのではないだろうか。生きていくためにやらざるを得ないから、苦しいことも多いし、きついこともあるけど、必死に働くしかない。でも、そうしているうちに、だんだんうまくできるようになってきたり、お客から感謝されることがあったりして、仕事にやりがいを感じるようになったり、仕事が楽しくなってきたりする。

そこで本章では、モチベーション・マネジメントの中で外発的動機づけをどのように活かすことができるかを考えてみたい。

内発的動機づけと外発的動機づけの中間地帯

それをやれば金銭だの地位だのといった報酬が得られるというのが外発的動機づけだとすると、そのような外的報酬なしにある行動に動機づけられる場合のように、活動すること自体に意義を感じる自己目的的な動機づけが内発的動機づけということになる。

試験で良い成績を取るために勉強する、あるいは勉強しないと先生から叱られるから仕方なく勉強するというのは、良い成績という報酬を得るための手段として、あるいは叱責という負の報酬を免れるための手段として勉強するわけだから、外発的に動機づけられた行動といえる。

一方、問題が解けるようになるのが楽しいから勉強する、あるいは知識が増えるのが嬉しいから勉強するというのは、外的報酬がなくても勉強することそのものに意義を感じているわけだから、内発的に動機づけられた行動といえる。

同様に、生活の糧を得るために働くというのも、給料という報酬を得るための手段として働くわけだから、外発的に動機づけられた行動ということになる。

一方、仕事ができるようになるのが嬉しいから仕事のノウハウを一生懸命勉強するとか、どうやったらうまくいくかを工夫するのが楽しいから仕事に没頭できているというようなケースも、外的報酬がなくても仕事すること自体に意義を感じているわけだから、内発的に動機づけられた行動ということができる。

このように対比させると、外発的に動機づけられた場合のように仕方なく勉強したり働いたりするよりも、内発的に動機づけられて喜びや充実を感じながら楽しく勉強したり働いたりする方がよいというのはよくわかる。

だが、現実には両者の中間に位置づけられるような行動もあるのではないだろうか。むしろ、そのような行動の方が多くはないだろうか。

たとえば、天文学者になりたいとかエンジニアになりたいという自分の夢の実現のために受験勉強を一生懸命にやるというような場合は、勉強そのものが楽しいからと自己目的的に勉強しているわけではなく、夢の実現のための手段として勉強しているのだから、外発的動機づけによって勉強していることになる。外発的動機づけによって勉強しているとモチベーションが低下すると言われるが、親や先生から強制されているわけではなく、自分から好んで勉強しているのであり、夢を捨てないかぎりモチベーションは持続すると考えられる。

ディシは、内発的動機づけの重要な要素として、自己決定の感覚を最も重視している。自律性の感覚といってもよいだろう。やらされているのではなく、自ら選んで主体的に取り組んでいるといった感覚のことである。

先にあげた例のように、自分の将来の夢の実現のために勉強するというのは、自己目的的ではなく手段のためではあるものの、無理やりやらされているというのではなく、自己決定によって好んでしているのであるから、自律的な行動であり、その意味では内発的動機づけに基づく行動とみなすこともできる。いったいどちらに分類すべきか、よくわからなくなる。

将来のキャリアに役立つから資格取得のための勉強をするとか、販売現場に出たときに困らないように商品知識を頭に詰め込むとか、一刻も早く一人前と認められたいから寝る間も惜しんでスキルアップに励むとかいうのも、実際よくあることだろう。

そのような場合も、自己目的的ではなく手段として学ぶのであるから、内発的動機づけによる行動とは言い難い。しかし、自己決定に基づいて行動しているという意味では、外発的動機づけによる行動とも言い難い。しかも、手段としての学びだからといって、モチベーションが低いわけではない。むしろ、目標達成の役に立つということで、モチベーションが高まったりもする。

近頃やたらと実学がもてはやされる。仕事の役に立つなら学ぶ気になれるけど、何の役に立つのかわからない勉強はやる気がしないという実学志向の学生やビジネスパーソンも少なくない。このような学び方は、内発的動機づけによるものとは言えないものの、ビジネス現場では高いモチベーションにつながりやすい。

こうしてみると、自己目的的でなく、外発的動機づけによって学んだり働いたりするのも、けっして悪いことではないといえそうである。そのあたりを整理してモチベーション・マネジメントを考える際に役立つのが自己決定理論である。

自己決定理論

学ぶことそのもの、働くことそれ自体が楽しいというような自己目的的な内発的動機づけによる行動でなく、別の目的のための手段として学んだり働いたりする場合でも、高いモチベーションを維持できる場合がある。

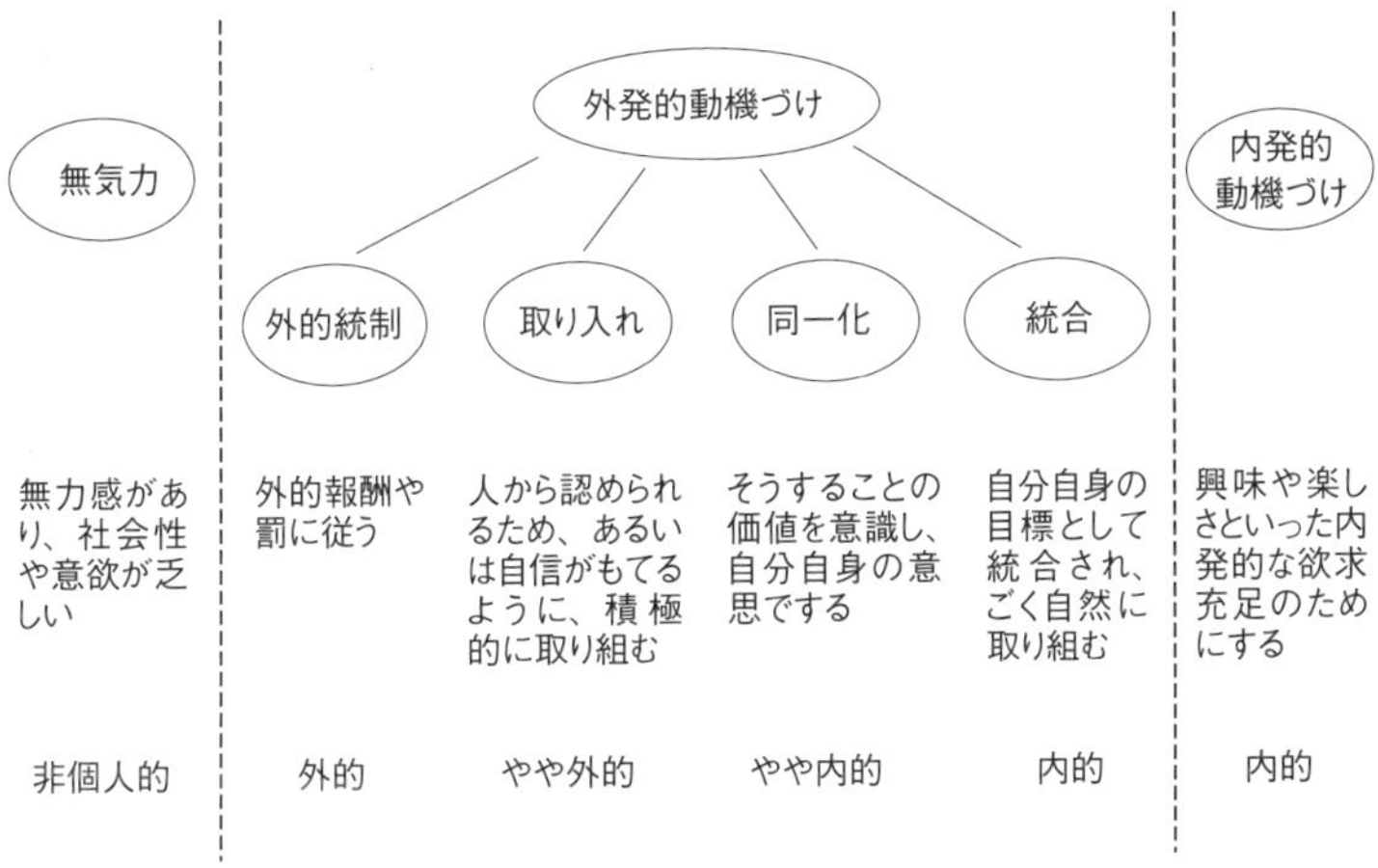

（図－9）モチベーションの分類（ライアンとディシ，2000）

そのことをわかりやすく説明してくれるのがディシとライアンによる自己決定理論である。

自己決定理論では、手段としての行動を促す外発的動機づけの中にも自己決定性が高いものがあることを認め、内発的動機づけと外発的動機づけという2分法をとるのをやめて、まったくやる気のない状態（無気力）と内発的動機づけの両極の間に外発的動機づけを位置づける。そして、外発的動機づけをまったくやる気のない状態に近いものから内発的動機づけに近いものまで4段階に分類している（図－9）。

図のように、外発的動機づけは、外的動機づけ（外的統制）、取り入れ的動機づけ、同一化的動機づけ、統合的動機づけの4つに分けられている。

図において、外的動機づけから内発的動機づけに向かって自己決定性が高くなっていく。

無気力（動機づけ欠如）とは、無力感に苛まれ、まったくやる気になれない状態、つまり動機づけが欠如していることをさす。

外的統制とは、外発的な動機づけで、自己決定の度合いがきわめて低く、他人や組織から強制されて働くような場合のことで、給料・ボーナス・昇給・昇進のような外的報酬や減給・降格のような罰によって仕方なく学んだり働いたりするときの動機づけをさす。現実に、給料やボーナスをもらうために辛くても頑張って働くというのは、多くの人が経験することなのではないか。仕方なく頑張るといった側面が強いとはいうものの、それによって勤勉さがもたらされているのである。

取り入れとは、多少自己決定の要素があるものの、いまだ外発的な動機づけの側面が強く、人から認められたいから頑張るとか、恥をかきたくないから頑張る、成績を上げたいから頑張るなどという場合のように、承認や評価を意識して学んだり働いたりするときの動機づけをさす。認められたいから頑張るとか、恥をかきたくないから頑張るというのも、実際によくあることといえる。あくまでも外発的に動機づけられた行動であるとはいっても、それによって知識が増えスキルが身につくなど力がついていくのであり、そのことが有能感や成長感を刺激し、内発的動機づけに近づいていくことも期待できる。

同一化とは、自己決定の要素が強いという意味で内発的な動機づけに近く、将来役に立つと思って学ぶとか、自分の夢の実現のために頑張るとか、経験を積むことが成長につながるはずだから辛抱するなどという場合のように、自分のためになるといった思いによって学んだり働いたりするときの動機づけをさす。いまだ自己目的的に楽しんでいるわけではなく、将来のためとか自分の成長のためなどと何らかの目的のための手段として頑張っているわけだが、それが習慣化することによって、とくに何かのためという意識も薄れていき、ごく自然に動く、気がつくと一所懸命に働いて

（表－４）動機づけのタイプ別チェックリスト

無気力 （動機づけ欠如）	①仕事中たいていあまりやる気がない	
	②一所懸命に働く気になれない	
	③人並みに仕事ができる気がしない	
外的動機づけ	①給料をもらうためだと自分に言い聞かせて頑張っている	
	②昇進のために頑張っている	
	③上司に叱られたくないから仕方なく頑張っている	
取り入れ的 動機づけ	①周囲から認められたくて頑張っている	
	②仕事で恥をかきたくないから頑張っている	
	③同期に負けたくないから頑張っている	
同一化的 動機づけ	①将来のために頑張っている	
	②夢の実現のために頑張っている	
	③自分の成長につながると思って頑張っている	
内発的 動機づけ	①働くことが楽しくてしようがない	
	②知識が増えるのが嬉しいから頑張っている	
	③もっとできるようになりたいから頑張っている	

いるというように、内発的動機づけによる行動のようになっていくことが期待できる。

統合とは、自己決定の度合いが非常に強く、何かのためという意識はなく、自分にとって意味のあることだからということで無理なく自然に学んだり働いたりするときの動機づけをさす。内発的動機づけにほぼ重なる状態といえる。

内発的動機づけとは、完全に自己決定的で、学ぶことが楽しい、知識が増えるのが嬉しい、わからないことがわかるようになるのが楽しい、できないことができるようになるのが楽しい、もっと上手にできるようになりたい、働くことが楽しいなどといった思いで学んだり働いたりするときの動機づけをさす。

どのような動機づけによって働いているのかは、人それぞれである。また、だれでもどれかひとつの動機づけのみによって働いているというような感じではなく、複数の動機づけによって働いていることが多い。

自分がどのような動機づけを中心として働いている

のかの見当をつけるためにも、部下や周囲の人たちがどのような動機づけを中心として働いているのかを理解する一助にするためにも、自己決定理論の枠組みで日頃の仕事への取り組み姿勢を振り返ってみるのが有効であろう。

そこで、筆者が作成した動機づけのタイプごとのチェックリストを示すことにする（表-4）。ただし、統合的動機づけは、ほとんど内発的動機づけと重なり、区別するのが難しいため、このチェックリストでは、無気力（動機づけ欠如）、外的動機づけ、取り入れ的動機づけ、同一化的動機づけ、内発的動機づけの5つの動機づけについて、チェック項目をあげることにする。

有能さ、関係性、自律性

ディシとライアンの自己決定理論では、私たちは有能さへの欲求、関係性への欲求、自律性への欲求という3つの重要な欲求をもっているとみなす。なかでも自律性、つまり自己決定への欲求が最も重要なものであるとしている。

そして、これらの欲求が満たされることで内発的動機づけが促進されるという。

このことをモチベーション・マネジメントに応用すると、有能さや関係性、そして自律性＝自己決定性をうまく使うことで内発的動機づけの方向へとワーク・モチベーションを徐々にシフトさせていくことができると考えられる。

仕事に慣れてきたときに、たとえば接客やトラブル処理がうまくできるようになってきていることを伝えることで、本人の有能感が刺激され、「人並みに仕事ができる気がしない」といった無力な状態を脱し、「もっとできるようになりたいから頑張っている」といった状態へと移行していくことが期待できる。

また、上司が「頑張ってるな」「うまくできるようになったじゃないか」などと日常的に声がけをすることで、本人の有能感ばかりでなく関係性への欲求も満たされ、「仕事中たいていあまりやる気がない」とか「上司に叱られたくないから仕方なく頑張っている」といった状態から「周囲から認められたくて頑張っている」「仕事で恥をかきたくないから頑張っている」といった状態へと移行していくことが期待でき、さらには「もっとできるようになりたいから頑張っている」といった状態へと移行していくことが期待できる。

あるいは、たとえば営業で回りたい地域を選ばせたり、自分のやり方でやるように裁量権を与えたりすることで、自己決定への欲求が満たされ、「給料をもらうためだと自分に言い聞かせて頑張っている」とか「上司に叱られたくないから仕方なく頑張っている」といった状態から「周囲から認められたくて頑張っている」といった状態へと移行することが期待できるし、さらには「自分の成長につながると思って頑張っている」といった状態へ、またその先の「働くことが楽しくてしょうがない」といった状態へと移行していくことが期待できる。

内発的動機づけを低下させないような報酬の与え方

外的報酬のもつ2つの側面について第3章で解説したが、金銭などの外的報酬が内発的動機づけを低下させることもあれば、賞賛などの外的報酬が内発的動機づけを高めることもある。

そこで重要なのは、自律性の感覚を損なわないようにすること、および有能感を刺激すること。それが内発的動機づけを低下させないためのポイントといえる。

第3章でも紹介したように、ディシは、外的報酬には制御的側面と情報的側面があるとする。制御的側面とは、報酬を与えられることで相手の意のままにコントロールされる立場になることをさす。金銭報酬をもらうために頑張る、成果や努力を評価してほしくて頑張る、褒めてほしくて頑張るなどという場合、結局のところ相手の望むような方向に動かされているのであり、その取り組み姿勢は相手にコントロールされたものということになる。

したがって、外的報酬のもつ制御的側面を意識すると、やらされているという感じになって自律性の感覚が損なわれ、モチベーションが低下する。つまり、やる気がなくなる。

一方、情報的側面とは、行動に対する評価のフィードバックのことであるが、モチベーションという観点からすると、自分の有能さの実感につながる正のフィードバックが重要となる。正のフィードバックが得られると、自分の行動の妥当性を確信でき、自分の有能さを実感できるため、モチベーションが高まる。つまり、やる気が満ちてくる。

ビジネスの場では、何らかの外的報酬でモチベーションを高めるということが必然的に伴う。そこで大切なのは、同じく外的報酬を与えるにしても、いわばエサを目の前にちらつかせるようにして駆り立てるようなモチベーション・マネジメントは避けるということである。そのようなやり方だと、働くことを報酬を得るための手段にしてしまい、働くこと自体の喜びを感じにくくさせるし、報酬をちらつかせることでコントロールされている感じになるため、モチベーションは低下してしまう。

仕事をする際に報酬を意識させようとすると、このような弊害が生じやすい。ゆえに、はじめから報酬を意識させるような駆り立て方をするのではなく、結果のフィードバックを報酬にするのが望ましい。報酬を意識させて頑張らせるのではなく、頑張った結果として正のフィードバックという報酬を与えるのである。

具体的には、「これができたら報奨金を出す」「これがうまくいったら昇進を約束する」というようなやり方だと、一時的にモチベーションは高まるものの、コントロールされている感じになり、頑張って働くことが手段化してしまい、長い目で見ると仕事そのものへのモチベーションが低下してしまう。働く喜びは薄れ、何らかの報酬がないかぎり頑張る気になれなくなる。

それに対して、課題をクリアした結果を褒めたり、できばえの良さを褒めたり、そのことに対する報酬として報奨金を出したり昇進させたりする場合は、自分の行動の妥当性や自分の有能さを実感させるため、モチベーションは高まる。うまく成果につながらなかった場合も、頑張ったというプロセスを評価してあげることで、自分の行動の妥当性を確信することができ、さらに関係性欲求も満たされるため、モチベーションは高まる。

ここから言えるのは、モチベーション・マネジメントとしては、報酬の予告はないほうがよいということ。さらに物質的報酬でなく言語的報酬、つまり褒めることが好ましいということである。

これに関しては、ディシも、言語的報酬は物質的報酬と違って内発的動機づけを低下させるようなことはなく、むしろ内発的動機づけを高める効果をもっと指摘している。

実際、ディシは、パズルを用いた実験により、言語的報酬をもらった場合は前よりもパズルに取り組む時間が増えるのに対して、物質的報酬をもらった場合には前よりもパズルに取り組む時間が減ることを確認している。

ディシの理論を踏まえて、桜井は、言語的報酬（ほめことば）は、外的報酬のもつ制御的側面よりも情報的側面（フィードバック）の方が優位であるために、有能感や自己決定感を高め、その結果として内発的動機づけも高まるのであろうという。一方、物質的報酬（金銭や品物）は、多くの場合報酬の予告があるために、外的報酬のもつ情報的側面よりも制御的側面の方が優位となる。その結果、課題に対する内発的な動機よりも外発的な動機の方が多く見積もられるため、内発的な動機づけが報酬の与えられる前より低下するのであろうという。

このように事後のフィードバックとして褒めるという言語的報酬を与えることにはモチベーションを高める効果が認められる。だが、このことが世の中に広まることによって弊害も生じているのではないかという印象を筆者はもっている。

褒めればよいとはかぎらない

外的報酬を与えることで内発的動機づけを低下させてしまうことがある。それを防ぐには、報酬のもつ制御的側面より情報的側面に目を向けさせることが大切である。その意味では、物質的報酬よりも言語的報酬の方が好ましい。

そのようなモチベーション・マネジメントの知見が広まることによって、教育場面でもビジネス場面でも褒めるという形の外発的動機づけが盛んに行われるようになってきた。だが、それは果たして有効に機能しているだろうか。ここでいくつか注意すべき点を指摘しておきたい。

第一に、易しい課題ができたときに褒めるのは逆効果になることがある。

難しい課題に成功したときに褒められればモチベーションが高まるが、易しい課題をこなせたとき、だれでもできそうなことができたときに褒められると、自分の実力がよほど低く見られてるのではないかといった疑念が湧くこともあるだろうし、とにかく何でも褒めればいいと思ってるんだなと感じることもあるだろう。実際、易しい課題ができたときに褒められるとモチベーションが低下することが実験でも示されている。

第二に、明確な根拠なしに褒めるのは逆効果になることがある。

だれでも自分の実力や実績がどの程度なのか何となく見当がつくものだ。ゆえに、人から褒められたとき、それが妥当なものかどうかを瞬時に判断する。その賞賛が妥当なものと感じられれば、素直に嬉しいし、モチベーションも上がる。だが、妥当と感じられないときは、何だかすっきりせず、嫌な感じになる。何か意図があるに違いない、こっちをおだてれば思うように動くと考えてるのではないかと疑ったりすることもある。いずれにしてもモチベーションは上がらない。

第三に、過度に一般化しすぎた褒め方をするのは逆効果になることがある。

褒めるときは、褒められるべき望ましい成果や行動を具体的に指摘して褒めるのがよい。あまりに一般化した褒め方は妥当性が感じられず、ウソっぽく聞こえてしまう。パズルなどの課題を終えた後で、「あなたはほんとうに素晴らしい」と一般化して人物全体を褒められた子どもと、「ほんとうに一所懸命にパズルに取り組んでいたね」と具体的な行動や姿勢を褒められた子どもを比べた実験によれば、その後課題に失敗したとき、後者はモチベーションを維持できたのに対して、前者はモチベーションを低下させた。ここからわかるのは、具体的に褒めるべき点を指摘して褒めることが大切だということと、具体的な取り組み姿勢を褒めることが大切だということである。

第四に、制御的な褒め方をするのは逆効果になることがある。

報酬のフィードバック的側面はそれが正のフィードバックであるときにモチベーションを向上させるが、制御的側面はモチベーションを低下させる。このことは再三強調してきたことであり、褒め言葉という言語的報酬には制御的側面よりフィードバック的側面の方が強いとされている。たとえば、ピットマンたちは、素晴らしい成績だと褒めて具体的な成績の位置づけを知らせるフィードバック的な褒め言葉を受けた人の内発的動機づけは高まるが、素晴らしい成績だから研究のデータとして使えるというような制御的な褒め言葉を受けた人の内発的動機づけは低下するという。だが、第9章でみるように、関係性を重視する私たち日本人では、「良くできたね、嬉しいよ」「頑張ってくれたな、助かるよ」などといった制御的な褒め言葉によってモチベーションが高まるのが一般的だと考えられる。これに関しては、文化差を考慮する必要がある。

褒めることでモチベーションが下がる場合

このように、いつでも褒めることがモチベーションを促進するとはかぎらない。褒めることの逆効果について、もう少し突っ込んで考えてみたい。

ムエラーとドゥウェックが行った実験をみてみよう。彼らは、子どもたちに知能テストに似たパズル解きのテストをやらせた。それは簡単な内容であり、すべての子どもたちは、テスト終了後に、優秀な成績であり、少なくとも80％は正解だったと伝えられた。その際、追加情報が与えられる条件と与えられない条件が設定された。

子どもたちは3つの条件に振り分けられた。

第一条件の子どもたちは、こんなに成績が良いのはまさに頭が良い証拠だと言われた。

第二条件の子どもたちは、何も言われなかった。

第三条件の子どもたちは、こんなに成績が良いのは一生懸命に頑張ったからだと言われた。

そして、2種類のパズルの特徴を説明し、このあとつぎのどっちのタイプのパズルをやってみたいかを尋ねた。

一方は、あまり難しくなくて簡単に解けそうなもの、つまり良い成績を取って自分の頭の良さを示すことができそうなパズルである。

もう一方は、難しくて簡単に解けそうもないもの、つまり良い成績を取って自分の頭の良さを示すことはできないかもしれないが、チャレンジのしがいのあるパズルである。

結果をみると、条件によってどちらのテストを選ぶかが違っていたのである。

第一条件の頭が良いと褒められた子どもは、67％と大半が簡単な課題の方を選んだ。第二条件の何も言われなかった子どもでは、45％とほぼ半数が簡単な課題を選んだ。第三条件の頑張りを褒められた子どもでは、簡単な課題を選んだ者は8％しかおらず、92％とほとんどが難しい課題を選んだのだった。

ここから示唆されるのは、褒めることがモチベーションに与える影響は、褒め方によって異なってくるということである。「頭の良さ」を褒められると、つぎにはその期待を裏切らないように確実に成功しそうな易しい課題を選ぶ。つまり、防衛的な心の構えから消極的になる。それに対して、「頑張り」を褒められると、つぎにはもっと頑張ろうとでも思うのか、チャレンジしがいのある難しい課題を選ぶ。褒めるのが良いか悪いかということではなく、褒め方が問題なのだ。

つぎに、最初のものよりも難しいテストを全員にやらせた。だれもが自分の成績は前よりも良くないと感じるほど難しいものだった。すべての子どもたちは、全員が50％以下しかできなかったと伝えられた。

そして、パズルは楽しかったかどうか、今回のパズルを家に持ち帰ってやってみる気があるかどうかを尋ねた。

その結果、最初のテストの後に「頭の良さ」を褒められていた子どもたちは、他の2つの条件の子どもたちと比べて、難しいパズルを楽しく感じることができず、また家に持ち帰ってまでやろうという気持ちがないことが示された。「頭の良さ」を褒められることによって、難しい課題にチャレンジするモチベーションが低下してしまったのである。

さらに、うまくできなかった原因を尋ねると、「頭の良さ」を褒められた子どもは、「頭が悪いから」と、成績の悪さの原因を自分の「能力不足」のせいにする傾向がみられた。他の2つの条件の子どもたちは、「頑張りが足りなかったから」と、成績の悪さの原因を自分の「努力不足」に求め

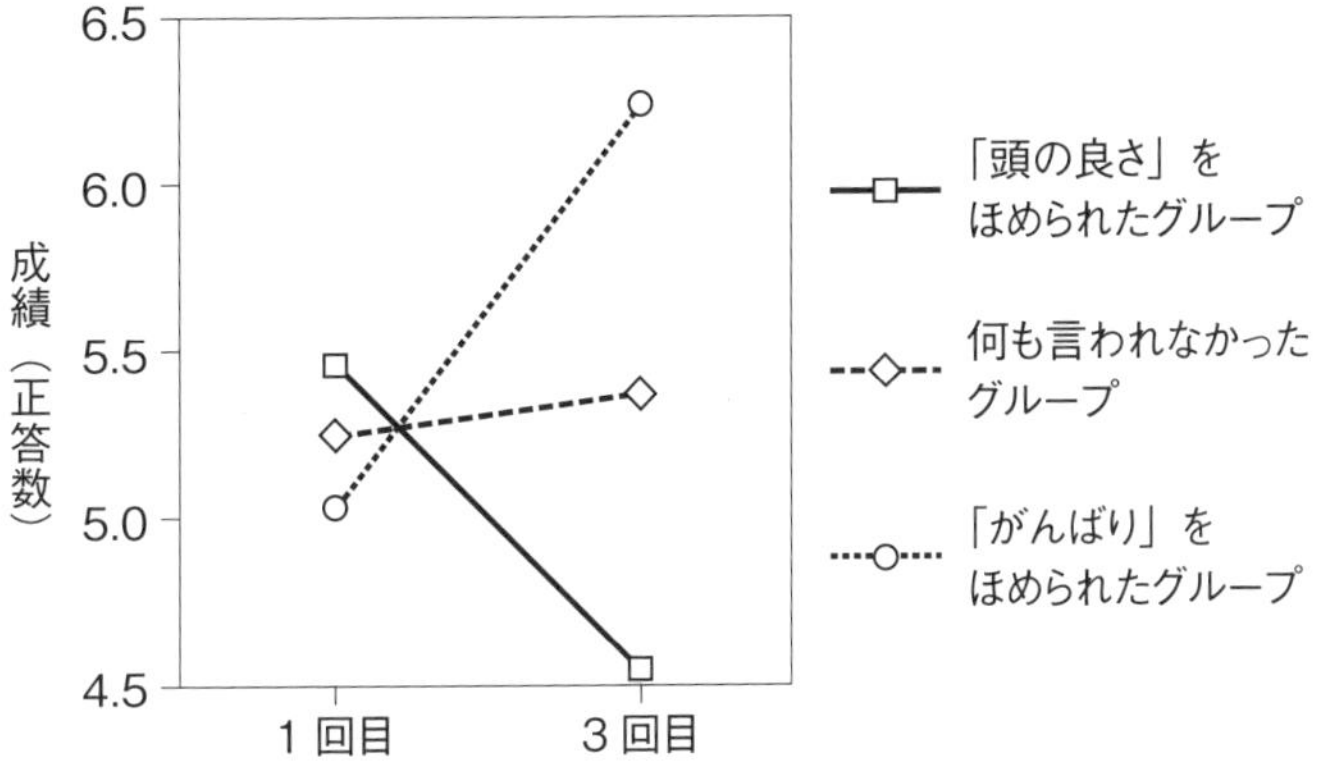

（図－10）ほめることが成績に与える影響（ムエラーとドゥウェック，1998）

る傾向があった。第5章でみるように、失敗したときに「努力不足」のせいにすればモチベーションは維持できるが、「能力不足」のせいにしてしまうとモチベーションを維持するのは難しくなる。

最後に、はじめにやったものと同じくらい簡単なテストをやらせた。その結果、条件によって成績が大きく違うことがわかった。

最初のテストの後に「頭の良さ」を褒められた子どもたちの成績は、最初のテストの時よりも大きく落ち込み、何も言われなかった子どもたちの成績を大きく下回っていた。その反対に、最初のテストの後に「頑張り」を褒められた子どもたちの成績は、最初のテストの時よりも大幅に向上し、何も言われなかった子どもたちの成績を大きく上回っていた。何も言われなかった子どもたちの成績は、最初のテストと最後のテストで違いはみられなかった（図－10）。

バウマイスターたちは、熟練を要する仕事の成績が褒めることによって低下することを示す実験結果を踏まえて、熟練を要する仕事を妨害するには、仕事をする直前に褒めるのが効果的だとしている。また、ウォルフガングとゲリーは、褒めることは承認欲求を強め、期待に添えない結果になることを怖れるなど不安定な心理を生むとして、褒めることの弊害を指摘している。先に示したムエラーとデゥウェックの実験結果も、そのような褒めることの弊害を証明するものといえる。

このように多くの心理学的実験により、褒めることの効果ばかりでなく、その弊害も実証されている。褒めることばかりを奨励するマネジメントがビジネス研修などで広められているが、何でも褒めればよいというわけではなく、モチベーション・マネジメントを考えるに当たっては、褒めることの弊害についても念頭に置いておく必要があるだろう。

第5章 原因帰属スタイルで
モチベーションを高める

「指し手」と「コマ」

自分が何をすべきか、どのようにすべきかは、自分自身で決めている。そのように感じている人もいれば、人からやらされているといった感覚が強く、自分の行動は人にコントロールされていると感じている人もいる。

そのような感覚の違いは、モチベーションに大いに関係しているはずである。そこに着目したのが、ド・シャームである。

ド・シャームは、「指し手」と「コマ」という概念によってモチベーションの高低を説明している。「指し手」とは、自分自身の中に行動の動機があると感じている心理状態を指す。いわば、内発的に動機づけられていると本人自身が感じている心理状態のことである。自分の行動は自分の意思によって決定する。他人がどう思うか、どうすることを望むかではなく、自分自身がどうしたいか、どうすべきと思うかを基準に判断し選択している。そのように感じている。

一方、「コマ」とは、自分自身の中に行動の動機はなく、他者の意向や指図によって動かされていると感じている心理状態を指す。いわば、外発的に動機づけられている心理状態のことである。他人や状況など外的な力の影響が大きく、自分の行動を自分でコントロールできない、自分にはどうにもならない。自分がどうしたいか、どうすべきと思うかに関係なしに物事が進行していく。そのように感じている。

どちらの方がモチベーションが高いかは自明であろう。

「指し手」は、自分の思うように行動できる、自分の行動は自分で決めることができると感じているため、モチベーションは高い。それに対して、「コマ」は、人によって動かされていると感じているため、無力感を抱き、モチベーションは低い。

このことはビジネスの現場でも日常的にみられる傾向といえる。

「どうせ自分は将棋のコマだから」

などと自嘲的に口にする者は、自分の価値観や意思に関係なく組織の上層部の決定や指示に強制的に従わされるだけだと感じているわけである。こうしたいと思って意見を言っても通らない。自分のやり方なんて認められない。こちらがどう考えるかなど関係なしに、ただ一方的に命じられ、それに従うだけ。そんな状況でモチベーションが上がるわけがない。

モチベーション・マネジメントの観点からしたら、従業員が「コマ」の感覚をもたないようにすることが必要だろう。「コマ」の感覚は無力感を植えつけ、働き方を受け身にする。

組織というのは階層構造をもつものであり、指示系統が機能しないことには組織として成立しない。だが、従業員が「コマ」の意識をもつ組織は、モチベーションの低さゆえに停滞しがちである。一定の範囲内において「指し手」としての感覚を持てるように、ある程度任せる部分を設定し、裁量権を与えたり、創意工夫の余地を与えたりする工夫も必要であろう。

やる気のある人は自分のせいにする

「指し手」と「コマ」の対比からわかるのは、自分の行動の原因が自分自身にあると感じることがモチベーションの向上につながるということである。人に動かされているだけ、指示や命令に従わされるだけと感じていると、モチベーションが上がらない。自分の考えや自分の判断が自分の仕事のやり方に反映されると感じることがモチベーションにつながる。

ここからさらに推測されるのは、自分の行動の結果が自分のせいだと思うかどうかがモチベーションに関係しているだろうということである。

自分が出した結果を自分のせいにすることを自己責任性という。何かで成功したときや失敗したとき、それを自分のせいにするか、自分以外の要因のせいにするかということである。

たとえば、営業でノルマを達成できなかったとき、自分の頑張りが足りなかったなどと考える人は、自己責任性の高い人といえる。反対に、上司との折り合いが悪いため、営業するのが非常に難しい地域をあてがわれてしまったせいだなどと考える人は、自己責任性の低い人といえる。

クランドールたちは、この自己責任性とモチベーションの関係に着目した。そして、知的達成責任制尺度を作成し、試験や通知表の成績など学業上の成功や失敗を自分自身のせいにするか、状況や他人のせいにするかを測定した。

そのようにして測定された自己責任性と学業成績の関連を検討した結果、自己責任性の高い人ほど学業成績が良いことを見出している。つまり、結果を自分のせいにする人の方が成績が良いことがわかった。

オーバー・アチーバーとアンダー・アチーバーを比較した研究もある。オーバー・アチーバーとは、実力以上の成果を出している人を指す。アンダー・アチーバーとは、実力以下の成果に甘んじている人を指す。

それによると、オーバー・アチーバーは結果を自分の内的要因のせいにする傾向があり、アンダーアチーバーは結果を外的要因のせいにする傾向があった。つまり、結果を自分のせいにする人の方が自分の能力を十分に発揮していることがわかった。ここから、自分のせいにすることが、頑張る力につながり、ひいては潜在能力を引き出すことにつながっていると考えられる。

ローカス・オブ・コントロール

この自己責任性ということに関して、ロッターは、ローカス・オブ・コントロールという概念を提起した。これは統制の位置と訳されるが、自分の行動の結果をコントロールしている要因が自分の内側にあるか外側にあるかという意味である。それによって内的統制と外的統制に類型化した。

結果をコントロールしている要因というのは、いわば原因のことであり、原因を何に帰属させるかが問題となる。これを原因帰属という。

簡単に言えば、原因を自分の内的要因に帰属させる、つまり自分のせいにするのか、それとも原因を自分以外の外的要因に帰属させる、つまり他人や状況のせいにするかということである。

この原因帰属のスタイルは、個人の中で比較的一貫性がある。何かにつけて自分の内的要因に原因を求めるクセのある人と、自分以外の外的要因に原因を求めるクセのある人がいる。そのような原因帰属のスタイルが、モチベーションに深く関係していることがわかっている。

自分の能力や努力といった内的要因に原因を求める認知の仕方、つまり自分のせいにする原因帰属の仕方を内的統制という。反対に、運や他人の力など外的要因に原因を求める認知の仕方、つまり自分以外の要因のせいにする原因帰属の仕方を外的統制という。

そしてロッターは、原因帰属のスタイルとモチベーションの関係を検討し、モチベーションの高い人には内的統制型が多いことを見出している。

内的統制型と外的統制型の特徴

内的統制型の人は、物事の成否を決めるのは自分自身の能力ややり方だとみなす思考習慣を身につけている。ゆえに、自分が能力を十分に発揮できれば良い結果が出るはずだ、頑張ればきっと良い結果がついてくるというように、ポジティブな見通しをもちやすい。そのため高いモチベーションをもって行動することができる。

反対に、外的統制型の人は、物事の成否を決めるのは運や状況や他人の力であって、そこには自分にはどうすることもできない力が働いているとみなす思考習慣を身につけている。ゆえに、自分がいくら頑張っても何も変わらないといった感じで無力感に浸りがちなため、モチベーションは低い。頑張る気力が湧いてこない。

たとえば勉強でも、内的統制型の人は、自分の頑張りしだいで良い結果がついてくると考えやすいため、試験勉強などに前向きに取り組むことができる。良い結果が出たときは、「自分はやればできるんだ」と思ったり、「頑張ったから結果がついてきたんだ」と思うため、ますますモチベーションが高まる。

それに対して、外的統制型の人は、自分の行動と結果を因果関係で関連づける習慣がないため、試験勉強などもやればできるという感覚がなく、やる気になれない。たとえ良い結果が出たとしても、「たまたまできただけ。運が良かったんだ」と思ったり、「今回は問題が易しかったからできたんだ」と思うだけで、せっかくうまくいってもモチベーションが上がることはない。

仕事でも、内的統制型の人は、成功の決め手は能力や努力だと考え、仕事に必要な知識を仕入れる勉強をしたり発想のヒントを得るための情報収集をするなど、自分自身の能力開発に積極的である。思うような評価が得られなかったときなども、「もっと力をつけなければ」とさらなる能力開発に向かう。努力すれば成果は出るはずと思うため、当たり前のように頑張ることができる。

一方、外的統制型の人は、成功の決め手は職場の人間関係や運だと考え、自分自身の能力開発にあまり積極的になれない。自分の努力次第で切り開いていけるといった感覚は乏しい。人づきあいをうまくやっていれば何とかなるんじゃないかと甘い考えをもっていたりする。思うような評価が得られなかったときなども、「上司に気に入られてないからなあ」と思ったり、「運が悪いな」と思ったりするクセがあり、能力開発のモチベーションにはつながりにくい。

こうしてみると、内的統制型は自己責任の発想が強く、他人のせいにしたり他人に甘えたりすることがないため、自分の力で状況を前向きに切り開いていける。自信があり、不安が乏しく、あまり感情的にならずに、情緒的に安定している。

それに対して、外的統制型は自己責任の発想が乏しく、依存心が強くて何かにつけて人に期待する気持ちがあり、うまくいかないと他人のせいにしがちで、逆恨みして攻撃的な感情を向けるなど、感情的な反応を示しやすい。自信がなく、不安になりやすい。
そのため、内的統制型はモチベーションが高く、外的統制型はモチベーションが低いのだと考えられる。

原因帰属の2つの次元

だが、ここで疑問が湧いてくる。何かにつけて結果の原因を自分の内的要因のせいにする内的統制型が、常に自信をもち、高いモチベーションをもって、前向きに頑張っているかというと、そうともいえないのではないか。頑張っても思うような成果につながらないとき、自己責任の発想が、「なんでうまくいかないんだろう。自分はこの仕事に向いてないんだろうか」などといった思いを刺激し、かえって落ち込みをもたらし、モチベーションの低下につながるといったケースもみられるであろう。

現に、成果が上がっていない人が、「どうせ自分は仕事ができないから」といってやる気をなくしているというのはよくあることだが、それはうまくいかない原因を自分以外の外的要因に求めているわけではない。人のせいにしたり状況のせいにしたりする外的統制型でなく、自分自身のせいにする内的統制型なのに、落ち込んでモチベーションを低下させている。

こうしてみると、内的統制型が必ずしもモチベーションの高さにつながるわけではないということになる。では、内的統制型とモチベーションの関係をどのように考えたらよいのだろうか。

その疑問に明快に答えてくれるのが、ワイナーによる原因帰属のタイプ分けの枠組みである。ワ

（表－5）原因帰属の4つの要因（ワイナー 他，1972）

安定性の次元＼統制の位置の次元	内的統制	外的統制
固　定　的	能力	課題の困難度
変　動　的	努力	運

イナーたちは、内的統制－外的統制という統制の位置の次元に加えて、固定的－変動的という安定性の次元を交差させて、原因帰属の4つのタイプを設定した。ワイナーたちは、表－5に示したように、外的要因としての課題の困難度と運を安定性によって区別し、内的要因としての能力と努力も安定性によって区別した。とくに重要なのは、能力と努力の区別である。すなわち、能力というのは急に変化することはないが、努力は突然急変することもある。

たとえば、昨日まで能力が低かったのに、明日から急に能力が高くなるなどということは現実的に考えにくい。だが、昨日までまったく努力していなかったのに、突然やる気に燃え、明日から見違えるほどの努力をするようになるというのは、十分あり得ることである。

そして、ワイナーたちが成功したときや失敗したときの原因帰属の仕方と達成動機の関係を検討したところ、原因帰属のスタイルと達成動機、つまりモチベーションとの間に密接な関係があることがわかった。

すなわち、達成動機の高い人は、成功を「能力や努力」といった内的要因のせいにするが、失敗については「努力（不足）」のような変動的な内的要因のせいにする傾向がみられたのである。

一方、達成動機の低い人は、成功場面においても失敗場面においても変動的な内的要因（努力など）のせいにすることが少なかった。

このように、成功したときは固定的（能力）でも変動的（努力）でもよいので内的要因のせいにして、失敗したときは変動的な内的要因（努力）のせいにするといった原因帰属のスタイルがモチベーションの高さにつながることが明らかになったのである。

成功したときは、「自分は能力があるからうまくいったんだ」（固定的）と受け止めても、「自分は努力したからうまくいったんだ」（変動的）と受け止めても、モチベーションの向上につながるだろう。だが、失敗したときは、「自分は能力がないからダメだったんだ」（固定的）と受け止めれば、能力というのはすぐには向上しないため「どうせダメだ」といった気持ちになりモチベーションは下がるが、「自分は努力が足りなかったんだ」（変動的）と受け止めれば、「もっと努力すればつぎはうまくいくかもしれない」と思えるためモチベーションが上がる。

こうしてみると、ポイントは失敗したときの原因帰属の仕方にあることがわかる。

筆者は、能力というのは簡単に向上したり低下したりはしないものの、能力開発という言葉もあるようにゆるやかな向上は望めるものと考え、「固定的」というよりも「安定的」というとらえ方をしている。

また、内的統制の安定的要因として、能力のほかに適性も含めている。たとえば、うまくいかないときに「この仕事は向いてないんだ」「自分には適性がないんだ」といった原因帰属のスタイルもありがちであろう。

同様に、内的統制の変動的要因として、努力の他にスキルやコンディションも含めている。たと

（表－６）原因帰属の４つのスタイル（榎本，2011）

統制の位置 ＼ 安定性	内的統制	外的統制
安　定　的	能力・適性	課題の困難度
変　動　的	努力・スキル・コンディション	運・状況

えば、うまくいかないときに「まだまだスキルが足りないんだ」と受け止めれば、「能力がないんだ」というのと違って、「もっとスキルを磨けばうまくできるようになるはずだ」と思えるため、モチベーションは高まるであろう。あるいは「今回は集中力が足りなかった」というようにコンディションのせいにすれば、「つぎはもっと集中力をもって臨めばうまくいくはずだ」と思うことができるため、モチベーションを低下させずにすむであろう。

外的統制の変動的要因として、運の他に状況も含めている。うまくいかなかったとき、「こんな不景気なときにノルマをこなせるわけないじゃないか」などと受け止めたら、「状況が変わらないかぎりいくら頑張ったってダメだ」と思ってしまい、モチベーションは低下し、何とかノルマをこなすための工夫をしようなどと思わないであろう（表－６）。

失敗に落ち込むタイプとめげないタイプの認知の違い

このような原因帰属のスタイルとモチベーションの関係をモチベーション・マネジメントに当てはめると、何かで良い結果が出たときや好調なときは「能力・適性」や「努力・スキル・コンディション」といった内的要因のせいだと考え、思うような成果が出せなかったときや不調なときは「努力不足・スキル不足・コンディションの悪さ」といった変動的な内的要因のせいだと考える習慣を身につけることが大切だといえる。

そのような失敗にもめげないタフなものの見方を身につけることにより、高いモチベーションを保つことができるため、潜在能力が引き出され、良い結果がついてくるようになる。

実際、失敗に落ち込むタイプとめげないタイプの認知を比較した実験も行われている。ドゥウェックとレプッチは、小学校5年生の子どもたちを対象に積み木課題を使った実験を行った。

2人の実験者が順番に（ランダムに交替する）積み木課題を出すのだが、ひとりは努力すれば必ず解ける課題を出し（成功型実験者）、もうひとりは与えられた積み木だけでは解決不可能な課題を出すことになっていた（失敗型実験者）。成功型実験者が32題、失敗型実験者が30題出題したところで、最後の2題は失敗型実験者が解決可能な課題を出題した。この2題は、前に成功型実験者が出題したのと同じ課題であった。

この最後の2題に対する取り組み方を観察した結果、大きな個人差がみられた。

失敗型実験者から与えられた課題だからどうせできないに違いないと決めつけているかのようにはじめから努力しない子と、とにかくやってみようと頑張ってみる子に大きく分かれたのだった。

これらの子どもたちの原因帰属傾向を調べると、後者は前者に比べて、失敗を自分の努力不足のせいにし、成功を努力のせいにする傾向が強くみられた。

こうしてみると、とくに失敗したとき、うまくいかないときに、「努力不足・スキル不足・コンディションの悪さ」といった変動的な内的要因のせいにする原因帰属スタイルが失敗にめげないタフな心を支えていることがわかる。

タフな心をつくる原因帰属の再教育

仕事をしていれば、だれでも行き詰まることがある。順調なときもあれば、思うようにいかないときもある。いくら一所懸命にやってもなかなか成果につながらないこともある。必死に頑張ったのにノルマを達成できないこともある。そんなときも投げ出さずに粘り続けることができるタフな心をもつことが大切だ。いわば挫折にめげないタフな心をもつことがビジネスの成功につながっていく。

その決め手となるのが原因帰属のスタイルである。

モチベーションの高いタフな心をつくるには、成功経験を積ませることだという考え方もある。たしかにいつも失敗ばかりではモチベーションは高まらないだろう。だが、はたして成功経験を積ませるだけで挫折にめげないタフな心がつくられるのだろうか。そのことを検討した実験がある。

ドゥウェックは、成功経験を積ませるよりも、原因帰属の仕方を変えること、すなわち努力のせいにする認知の仕方を叩き込むことで、失敗するとすぐにやる気をなくす無力感の強い人物のモチベーションを高めることができるのではないかと考えた。

そこで、8歳から13歳の子どもたちのなかから極端に強い無力感をもつ子ども、つまり失敗すると急にやる気をなくしてしまう子を選び、6人に成功経験法を、他の6人に原因帰属再教育法を施

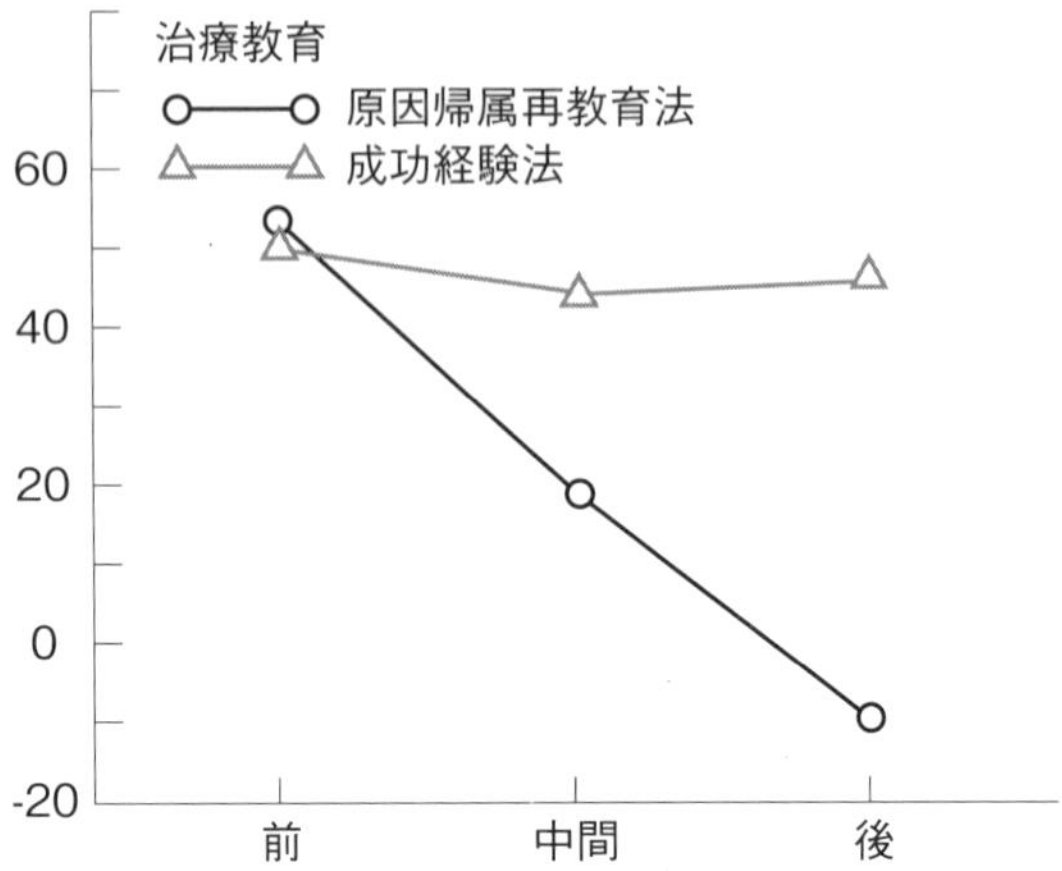

（図－11）失敗直後の1分間あたりの正答数の減少率（%）（ドゥウェック, 1975）

した。

成功経験法とは、つねに成功するようにやさしい到達目標を設定するものである。原因帰属再教育法とは、5回に1回の割合で失敗させ（わざと到達不可能な基準を設定して失敗させる）、その際にもう少し頑張ればできたはずだと励まし、「失敗の原因は自分の努力不足にある」と思うような認知のクセを植えつけるものである。

このような2種類の治療教育の前、中間、後の3つの時点でテストを行い、失敗後の反応を比べると、原因帰属再教育法においてのみ治療効果がみられた。それも顕著な効果がみられた。

図－11のように、原因帰属再教育を受けた子どもたちは、失敗の後に成績が急降下するということがなくなり、むしろ「もっと頑張らなくては」といった思いから失敗直後に成績が上昇するようになった。

一方、成功経験法による治療教育を受けた子どもたちは、成功が続いているうちはモチベーションは高く保たれてはいても、失敗すると成績が急降下してしまうといった傾向はまったく改善されなかった。

このような実験からいえるのは、モチベーション・マネジメントとしては、成功を経験させることも大切ではあるものの、失敗したときやなかなか思うような成果が出ないときの原因帰属のスタイルに着目する必要があるということである。ビジネスの世界は厳しい。思うような成果が出ないことは日常茶飯事だ。モチベーションの低いタイプは、うまくいかないときの原因帰属の仕方を変えさせることで改善できる可能性がある。

自信を失っている人物には、達成目標を低くすることで成功経験を与えて自信をもたせることも大切であろう。だが、挫折に強いタフな心をもっていないと厳しいビジネスの世界を生き抜くことはできない。そこで、挫折するとすぐにやる気を失うタイプに対しては、

「もうちょっと頑張ればできたな」

「あと少しの工夫があればうまくいったんじゃないかな」

などと、「努力不足」という要因を意識させるような言葉掛けを日頃からしていくことが大切といえるであろう。

第6章 気分や感情でモチベーションを高める

日々の気分がモチベーションに大きく影響する

モチベーションを高めるという場合、そこには気分が大きく関わっているということを無視するわけにはいかない。

もっとモチベーションを高めて仕事にあたらないといけないと頭ではわかっていても、なかなかやる気が湧いてこない。だれもが経験したことのある心理状況ではないだろうか。このことが意味するのは、理屈だけでモチベーションを高めることはできないということである。

そこで大切なのが、感情のケアであり、日々の気分のケアである。

古くはブルームも、『仕事とモチベーション』において、職務拡大によって職務の反復性を減らす工夫について論じる際に、倦怠感に触れている。職務拡大とは、ひとつの仕事役割を構成する作業の数を増加させることをさす。

ブルームは、仕事の単調性からくる倦怠感について行われた多くの研究を通覧したワットたちによる倦怠感を生じさせにくい条件の要約をつぎのように引用している。

①活動の姿勢が、ひとつの仕事の中で適宜変更される場合

②作業者が、仕事時間に従ってではなく、出来高に従って賃金を支払われる場合

③仕事が、漠然としていたり、また明らかに果てしない活動だと考えられているよりは、むしろ一連の自己充足的なタスクだと考えられている場合

④作業者が孤立した単位としてよりは、むしろまとまりのある社会集団の中で仕事をすることを

許容されている場合

⑤ひとつの仕事の中に適切な休憩が導入されている場合

また、ウォーカーとゲストは、自動車工場の従業員の職務興味が作業の数に関係していることを見出している。すなわち、自分の職務に関して、「非常におもしろい」または「かなりおもしろい」と評定した者の比率は、単一の作業を遂行している者では33％にすぎなかったが、2～5つの作業を遂行している者では44％、5つ以上の作業を遂行している者では69％というように、作業数が多いほど自分の職務をおもしろいと感じていることがわかった。

このようなビジネスがかなり単純な工場労働が中心の時代からモチベーションに感情や気分が影響することが指摘されていたが、現在のようにサービス産業が中心で対人的な繊細さが求められたり創造性が求められたりする時代には、感情や気分の影響はますます大きくなっていると考えられる。

1990年代後半にワイスとクロパンザーノが情緒的イベント理論を提起し、従業員の心理状態や感情が職務満足や成果に与える影響を強調したのがきっかけとなって、職場における感情的側面に対する関心が高まった。

感情とモチベーションの関係

セオたちは、モチベーションに影響する中核的な情緒を心地よさとエネルギー水準という2つの側面からとらえている。そして、ポジティブな中核的感情をもつ人は、モチベーションが高く、より良い成果が期待できるような方法を模索し、生産的に行動するが、ネガティブな中核的情緒をもつ人は、予想される悪い結果を避けることに執着するという。

ここでいう中核的情緒とは、簡単に言えば、心地よい気分とエネルギーに満ち溢れているか、気分が沈みエネルギーが枯渇しているかということである。前者がポジティブな中核的情緒、後者がネガティブな中核的情緒ということになる。

このような中核的情緒が目標設定時における状況認知や行動の選択肢の認知、期待される結果の認知に影響する。すなわち、中核的情緒がポジティブであるほど、高い目標を掲げ、その達成のために全力を注ぎ、諦めずに粘ることができる。逆に言えば、中核的情緒がネガティブであれば、容易に達成できるチャレンジ性の乏しい低い目標設定を行い、あまり努力をせず、うまくいきそうにないときにはすぐに諦める。

したがって、モチベーション・マネジメントとしては、心地よい気分とエネルギーの満ち溢れた心理状態にもっていくことが重要であり、そのためにどうしたらよいかが問題になる。

また、カンファーとカントロウィッツは、うまく感情コントロールすることで、ネガティブな感情を生産的な感情に置き換えることができるという。たとえば、職務上の不安をやりがいのある課題の追求に置き換えて、モチベーションを高めることができる。

日常生活を振り返れば、不安がモチベーションを低下させることもあれば、上昇させることもあることに気づくであろう。たとえば、試験前に、問題が解けないのではないかという不安に襲われたとき、2つのパターンが現実によくみられる。

ひとつは、不安に押し潰されて、落ち着いて机に向かえなくなり、準備勉強へのモチベーションが空回りするうちに低下し、結果がほんとうに悲惨なことになるといったパターンである。不安によってモチベーションが低下し、それが悪い結果へつながったといえる。

もうひとつは、不安を克服すべく、問題の解法を徹底的に頭に叩き込もうとし、ある程度できるようになってもまだまだ安心できないと頑張り続け、結果は思った以上に良くなるといったパターンである。この場合は、不安がモチベーションを刺激し、さらに持続させる効果をもったといえる。

決め手は、感情に対してどのように対処するかである。「不安だから仕事が手につかない」ということになるか、「不安だから綿密な計画を立てる」「不安だから入念に準備をする」「不安を払拭すべく全力で頑張る」などということになるか。そのような対処法によってモチベーションのあり方も結果も大きく分かれていくことを心得ておくことが必要である。

認識・感情・モチベーションの相互作用

感情とモチベーションの関係について考えるにあたって、インナー・ワーク・ライフに関する研究が参考になる。

アマビールとクラマーは、頭脳労働が中心になる知的労働者のパフォーマンスを決定づける重要な要因として、個人が内面に抱くインナー・ワーク・ライフ（個人的職務体験）に着目している。

私たちは目の前の仕事をこなしながら、さまざまな認識をもち、また感情を経験する。仕事中のさまざまな出来事を通して、一緒に働く仲間や自分が属する部署、自分の仕事、あるいは自分自身についての認識をもち、それを何度も更新している。また、ちょっとした満足を感じたり、苛立ったり、誇らしさを感じたり、沈み込んだりと、さまざまな感情を経験する。このような認識や感情がモチベーションに対して絶えず影響を及ぼし、それが仕事のパフォーマンスを決定している。この認識、感情、モチベーションのダイナミックな相互作用のことを、アマビールとクラマーはインナー・ワーク・ライフと呼んでいる。

その際、認識、感情、モチベーションについて、次のような説明をしている。

認識……出来事とその意味について何らかの印象を抱くことであり、またそれを解釈する拠りどころとなる理論を探すことなども含む。

感情……目的を達成したときの意気揚々たる気持ち、障害に直面したときの怒りなど、具体的に定義しうる反応に加えて、良い気分、あるいは悪い気分といった漠然とした心理状態も含む。

モチベーション……何をしなければならないのかについて、自分が理解していることであり、各時点においてそれを行動に移す動因のことである。

インナー・ワーク・ライフを調べるために、アマビールとクラマーは、日誌法を用いて、その日に最も印象に残った出来事とそれについてのコメントを毎日簡単に記入するように求めた。記入されたコメントは、その日の出来事について感じたこと、たとえば自分の仕事やチーム、組織への言及、またその出来事が自分にとってもつ意味、その出来事によってどんな気持ちになったかなどが大半を占めた。

すなわち、その日の最も印象的な出来事として書かれたことの大半が、それぞれの日の何らかの出来事について感じたことになっていた。いくつかをピックアップしてみると、次のようであった。

「休みに呼び出すなんて、もう最低。でも、自分はプレッシャーがあったほうが、結果を出せるほうだと思うし、チームの戦力になれると思う」

「僕の担当外のことについて今日の出来事として紹介したのは、チームが扱っている財務データの重要性、チームの問題解決力の素晴らしさ、経営陣の協力的な姿勢を目のあたりにすることができたからだ。いずれも、とても有意義な経験だった」

「みんな疲れているけど、まだへたばっている人はいない。プレッシャーのなかで働くのも悪くないと思う」

「今日も、チーム全体が一丸となって働いた。すごい。みんな、大プロジェクトをやっつけるために一日中働いたのよ。私がオフィスに着いてから15時間くらい経つけど、ここ何か月で最高の1日!」

「この試練の間じゅう、みんな助け合ってきた。その後の達成感。それだけでもう、すごい事件だと思う」

「ストレスがたまってるけど、雰囲気はいいし、楽しいわ」

「この5日間のことも思い出せないほど疲れ切っていたけど、とってもいい気分」

（DIAMONDハーバード・ビジネス・レビュー編集部編・訳

(『新版　動機づける力―モチベーションの理論と実践』ダイヤモンド社)

それらの記述の関係を検討した結果、「今日の出来事」が認識を形成し、認識が感情を生んだり、感情が認識に影響するなど、認識と感情が相互作用し、それらがモチベーションに影響していることがわかった。ポジティブな認識とポジティブな感情がモチベーションを生み出していた。

たとえば、チームが一致団結して仕事に取り組んでいるときや、自分の仕事の重要性を人から認められたとき、自分の仕事ぶりを人から評価されたときなどに、モチベーションが高まった。

インナー・ワーク・ライフがパフォーマンスを決める

インナー・ワーク・ライフとパフォーマンスの関係を検討した結果、ポジティブな感情が支配しているときや、仕事への情熱が溢れているとき、仕事・チーム・リーダー・組織などについて好ましい認識を抱いているときなどに、パフォーマンスが高くなる。そのようなパフォーマンスに与えるインナー・ワーク・ライフの影響は、性格やキャリアとは無関係で、だれにも同じように当てはまることがわかった。

仕事で高いパフォーマンスを実現するには、創造性、生産性、意欲、同僚間の協力(同僚性)の4つが重要な要因となる。そこで、アマビールとクラマーは、インナー・ワーク・ライフにおける認識、感情、モチベーションとそれら4つの要因の関係を調べている。

創造性については、参加者たちがポジティブな感情を報告した日には、創造的なアイデアを生み出す可能性が他の日と比べて50%以上も高かった。その好影響は、翌日以降にも持ち越されることがわかった。

　また、所属する組織の状況をポジティブに認識しているとき、高い創造性を示した。具体的には、組織あるいはリーダーが協力的かつ協調的であり、新しいアイデアを歓迎し、新しいアイデアを公正に評価・育成し、また革新的なビジョンに注力する姿勢を示し、創造的な仕事に報いているとみなされる場合に、高い創造性が示された。

　さらに、外部からのプレッシャーで動くような内発的動機づけの低いときは創造性も下がり、仕事への興味や楽しさ、満足感、やりがいなどがモチベーションになり内発的動機づけが高い日ほど創造的に働く傾向がみられた。

　創造性以外の要素に関しても、生産性、仕事への意欲、そして同僚性（具体的にはチームワークへの貢献）などすべての要素において、気分の良いときには高いパフォーマンスを示し、気分が落ち込むと、パフォーマンスも下がった。また、職場の状況についてポジティブに認識しているときは、生産性、意欲、同僚性のいずれも向上していた。ポジティブな認識とは、実際の仕事においてチームのリーダーやメンバーたちに支えられている、仕事によって自分の創造性が試されている、しかるべき権限が与えられ適切な意思決定が期待されている、仕事をやり遂げるために必要な資源と時間が十分に与えられているといった認識をさす。より広義には、組織の雰囲気が協力的かつオープンであり、政治的な駆け引きや有害な現状維持主義がはびこっていないという認識のことである。

インナー・ワーク・ライフを形成する出来事

インナー・ワーク・ライフを形成する出来事は、上司によって直接あるいは間接的にもたらされる場合が少なくない。

インナー・ワーク・ライフに最も大きく影響する上司の行動は何かを従業員たちに尋ねると、人間関係的なことがらをあげる人が多い。たとえば、「部下をほめる・ほめない」「部下に協力的・協力的でない」「職場を楽しくくつろいだ雰囲気にする・しない」「精神面でも支援する・しない」といったことなどである。

このような行動が従業員の認識や感情を通してモチベーションに影響するのはたしかであろうが、アマビールとクラマーの調査研究によれば、上司の行動として最も重要なのは、次の2つであった。

①仕事を進捗させること

②人間として尊重すること

調査対象となった従業員たちが、最も素晴らしいと感じた日、すなわち最も嬉しかった日、最高の職場と認識できた日、内発的動機づけが高い日などと、最低と感じた日を比較したところ、両者を区別する最大の要因は、仕事がはかどったと感じられたかどうかだった。

目標を達成したとき、ひと仕事を終えたとき、何か問題を解決したときなどに、非常に大きな喜びが感じられたり、強い高揚感が生じたりする。目標に向かって一歩進んだだけでも、同様の反応になる場合があった。

このように、日誌のデータから、仕事を進捗させることがインナー・ワーク・ライフにおいてかなり重要であることが明らかになった。

それでは、仕事がはかどるようにするために、上司は何をすればよいのか。具体的には、直接支援する、適切な資源と時間を与える、成功や失敗に際して教育的指導をするなどがあげられる。そして、最も重要なのは、具体的な目標を設定することである。それに加えて、その仕事が重要である理由をはっきり説明しておくことである。

実際、アマビールとクラマーの調査研究でも、プロジェクトの目標と各メンバーの作業目標を明確化し、その仕事がチームや会社、顧客にとってなぜ重要なのかをメンバーたちがきちんと認識している場合の方が仕事に大きな進捗がみられた。

第2の人間として尊重するということは、日誌の上で最高の日と最低の日を区別する最大の要因にはならなかったが、仕事の進捗につぐ要因となっている。

大切なのは、本人が良い仕事をしたと認識している場合に、上司が正当に評価し、それを伝えることである。何でも褒めればよいというのではない。実際に仕事が進んでいないのに褒めても逆効果になりがちである。一方、仕事がちゃんと進んでいるのに評価する言葉を投げかけなかったり、些細なことで非難したりすると、怒りや悲しみといったネガティブな感情が生じ、モチベーションを阻害する。

ハイ・インボルブメント・マネジメント

ローラーによるハイ・インボルブメント・マネジメントに代表されるように、参加意識がモチベーションに好影響を与えるというのは多くの研究者が指摘するところである。

一握りの経営陣が組織のピラミッドの頂点から指示を出し、従業員はただそれに従うだけというような専制的な方式だと、従業員のモチベーションは上がらない。

前章のド・シャームによる「指し手」と「コマ」の区別で言えば、経営陣の一方的な指示によって動かされる「コマ」にすぎないということになる。これではモチベーションが上がるわけがない。

カッチとフレンチがパジャマ工場で行った実験でも、意思決定の場への参加の効果が示されている。その工場では、必要に迫られてときどき作業方式が変更されたが、そのたびに従業員が強い抵抗を示した。抵抗というのは、不平不満を口にするということにとどまらず、作業能率の著しい低下という形にもあらわれた。そこで、どうすべきかを探るために実験的処遇が行われた。

実験では3つのグループが設定された。

第1グループでは、従業員は作業方式の変更について話し合いの場に参加せず、ただ変更の説明を受けた。

第2グループでは、代表者だけが話し合いの場に参加した。

第3グループでは、作業員全員が話し合いの場に参加した。

その後の仕事ぶりを調べてみると、第1グループでは、方針変更に伴って生産性が低下し、その後も低い生産性からなかなか立ち直ることができなかった。第2グループでは、方針変更の直後には生産性が一時的に低下したものの、しだいに回復していった。第3グループでは、やはり生産性の一時的な低下はあったものの、そこからの回復はいっそう顕著であった。

同様にライスは、織物工場で参加の効果を調べる実験を行っている。それによれば、作業集団の編成や作業方式・スケジュールの変更に関して、従業員の意思を尊重して決定したところ、生産量についても品質についても向上がみられた。

日本でも三隅が、造船所やバス会社、海運会社において、参加的意思決定を10年以上の長期にわたって展開することによって、労働災害事故の著しい減少をもたらしたことを報告している。

このような結果は、参加意識がモチベーションの向上をもたらすことの証拠といえる。

仕事の方針や段取りに関する話し合いにしても、集団や個人の目標設定のための話し合い、あるいは個人の業績評価のための話し合いにしても、そこに参加しているということは、自分が尊重されているという気持ちにさせ、ポジティブな気分をもたらし、それがモチベーションを向上させると考えられる。

いわば、参加意識によって「コマ」の感覚でなく「指し手」の感覚をもたせることで、モチベーションを引き出そうというのがハイ・インボルブメント・マネジメントだといってよいであろう。

インプットとアウトプットの比率の公平感・不公平感

自分が払った労力に比べて、得られたものが少なければ、だれでも損をしたと感じるであろう。

アダムスの公平理論は、インプットとアウトプットの比率を問題にする認知理論とみなされているが、その認知が満足感や不公平感といった感情を生み、それがモチベーションに大いに影響するという意味では、気分や感情を扱うものともいえる。

公平理論では、インプットを分母、アウトプットを分子に置く。つまり、自分が払った労力を分母に置き、その結果として得られた金銭や評価といった報酬を分子に置く。そして、その比率を似たような立場の他者の比率と比較し、それがイコールだと公平感をもち、そうでないと不公平感をもつという。

不公平感には2種類があり、他者の方がその比率が大きく、他者の方が労力の割に報酬が多いと感じるときと、自分の方がその比率が大きく、自分の方が労力の割に報酬が多いと感じるときである。

そして、前者の場合は、自分は報われていないといった不公平感により不満や怒りといったネガティブな感情が生まれ、モチベーションが下がる。一方、後者の場合は、自分は報われすぎているという不公平感から、報酬を下げるように要求したり、報酬に見合うような労力を払うべく努力する。いずれにしても、自分の比率と他者の比率が等しくなるような方向に行動するという。

だが、後者のような場合、自分が報酬をもらいすぎているという不公平感による葛藤がほんとうに生じるだろうか。人間には自己愛的な気持ちがあり、何かにつけて利己的帰属の心理が働く。他者と同じ程度の労力しか払っていないのに自分の方が報酬が多い場合も、自分は評価されすぎなどと思うよりも、自分のアウトプットの多さを正当化しようとする心理が無意識のうちに働く。たとえば、自分の払った労力を過大に評価することでうまくバランスを取ろうとすることの方が多いのではないか。

そもそも分母にあたる自分の努力や貢献の大きさというのは、きわめて主観的に判断される。「自分は人一倍努力をした」と思っている人の方が「自分はみんなと比べてまだまだ努力が足りない」と思っている人より客観的に努力量が多いという保証はない。「自分は十分貢献している」という人の方が「自分は大して貢献していない」という人よりも客観的に貢献度が大きいとはかぎらない。

分子にあたる報酬にしても、どのくらいの金銭報酬で納得するか、どのような評価の仕方で満足するか、ちょっとした言葉掛けをどのように受け止めるかなどは、非常に主観的である。

結局、比率というと客観的基準のように思われがちだが、分母も分子もきわめて主観的な判断によるものであり、それによって算出される比率というのも非常に主観的なものと言わざるを得ない。

そうなると、公平感や不公平感には、日頃のちょっとした気分や感情によって大きく左右される部分が少なくないであろう。その意味でも、モチベーション・マネジメントとしては、日常的な気持ちのケアが大切といえる。

ネガティブ感情に発するモチベーション

ここまでは仕事中に感じるポジティブな感情がモチベーションを向上させるという観点から、その証拠となる研究事例をみてきたが、はたしてネガティブな感情はモチベーションを低下させるだけなのだろうか。

そこで目を向けたいのが、ネガティブな感情に発するモチベーションの存在である。

速水は、屈辱をバネにする、悲しみや辛さを力に変える、怒りやコンチクショウという気持ちを原動力にする、何くそという悔しさや怒りをエネルギーにするといった事例をあげ、ネガティブな感情から強いやる気が生まれることを指摘している。

速水と陳は、大学生や大人を対象とした自伝的記憶の調査の中で、今でも心に残り生活の励みになっている感動体験の出所について調べているが、自分自身の行動が最も多く、それに次ぐのがマスコミ報道だった。自分の行動体験としては、苦しさを乗り越えた体験が多く、マスコミ報道から得たものとしては苦労・努力体験が多かった。これらはネガティブ感情を努力で克服することによって獲得したポジティブ感情の記憶といえる。

速水は、今の若者は些細なことですぐにネガティブ感情をもつが、それを長時間自分の中に宿すことはできず、すぐにその欲求不満を他人の攻撃に向けたり、自分を責めることに反映させているように思われるとする。そして、ネガティブ感情をやる気に変換するためには、つらいことではあるが感情統制能力を働かせ、ある程度の時間それを自分の中で保持しなくてはならないという。一定程度深い悩みとなり醸成されたネガティブ感情だけがやる気につながるのだが、今の多くの人たちはネガティブな感情をもつと何も考えることなく、即座に外部へ押しやり解消しようとする。

そこをうまくコントロールしていかないとネガティブ感情をモチベーションに変えていくことはできない。

すなわち、ネガティブ感情が強いモチベーションにつながることもあるが、そのためにはネガティブ感情に負けずにそれをモチベーションにつなげるべくうまくコントロールする必要がある。

悔しさや怒りといったネガティブ感情をバネにして頑張れる人もいれば、そうしたネガティブ感情に押し潰されてやる気を失う人もいる。ネガティブ感情との向き合い方が人によって異なるのである。ネガティブ感情ゆえに頑張れるという人とネガティブ感情ゆえにやる気になれないという人は、いったいどこが違うのか。それは今後検討すべき重要なテーマといえる。

第7章 状況認知でモチベーションを高める

同じような状況でも人によって反応が違う

ビジネスの世界に限ったことではないが、頑張っているのだがどうにも成果がついてこないということがある。そんなとき、

「こんなに頑張ってるのに、なんでうまくいかないんだ。もう嫌だ！」

とヤケになったり落ち込んだりする人がいる一方で、

「何がいけないんだろうなあ。とりあえず別のやり方を模索してみるしかないな」

と冷静さを保って頑張り続けることができる人もいる。

どうしたらよいのか、すぐにはわからないような窮状に追い込まれることもある。そんなとき、

「もうダメだ、どうにもならない」

と悲観して投げ出したり、人に窮状を訴え助けを求める人がいる一方で、

「参ったなあ、どうしたらいいんだろう」

と途方に暮れながらも、諦めずに何とかしようと知恵を絞り続ける人もいる。

結局、落ち込むかどうかも、諦めるかどうかも、状況によって決まるのではなく、その受け止め方によって決まるのである。

愚痴の多い人や諦め癖のある人は、ネガティブな状況認知の仕方を身につけているのであり、どんなときも諦めずに粘り続けることができる人は、ポジティブな状況認知の仕方を身につけているのである。

そこで目を向けたいのが、「出来事の世界」と「意味の世界」の区別である。

筆者は、人はみな自分の物語を生きているのだという「自己物語の心理学」を提唱した際に、私たちは「客観的な事実の世界」を生きているのではなく、それぞれの出来事の意味を解釈しながら「解釈された意味の世界」を生きているのだと指摘した。

ここで改めて言いたいのは、ビジネスをしていて日々さまざまな出来事を経験するが、私たちは客観的な「出来事の世界」を生きているのではなく、主観的な「意味の世界」を生きているということである。意味の世界は人それぞれである。同じような出来事を経験しても、人によって受け止め方が異なるため、感じる意味が違ってくる。ゆえに感情反応も違うし、モチベーションが受ける影響も違う。

たとえば、とてもクリアできそうもないノルマを課されたとき、こんなひどい仕打ちをするなんて自分は上司に嫌われているんだと思い、モチベーションが低下し、仕事がいい加減になっていく人もいれば、こんな厳しいノルマを課すなんて上司は自分に相当期待してくれているに違いない、きっと鍛えてくれるつもりなんだろう、筋トレみたいなつもりで頑張ろうと思い、力を着実につけていく人もいる。

あるいは、左遷的な異動によってモチベーションが下がり、自暴自棄になってパフォーマンスが大きく低下し、ビジネスの世界で転落していく人がいる一方で、「よし、見返してやる」という気持ちになってモチベーションが上がり、だれもが認めざるを得ないような力をつけ成果を出して、ビジネスの世界で這い上がっていく人もいる。

ポジティブな認知

こうしてみると同じような状況に置かれても、それを「もうダメだ」「どうにもならない」とネガティブに受け止めるか、「たいしたことない」「何とかなる」と受け止めるかで、モチベーションの方向は180度異なり、結果も違ってくることがわかる。重要なのは状況でなくその受け止め方、つまり認知である。

似たような苦しい状況にあっても、頑張り続けて何とか苦境を乗り越えられる人もいれば、諦めて頑張ることなくただ落ち込んでいる人もいる。それを分けるのは、状況ではなく個人の認知の仕方なのである。

そこで、モチベーション・マネジメントの観点から注目すべきは、ポジティブな認知の仕方である。

ポジティブ心理学が提唱されたのは2000年のことであるが、その提唱者セリグマンは、成功と失敗を分けるものとして、通常は才能や意欲が想定されているが、そこに第三の要素として楽観主義・悲観主義があるとしている。

セリグマンは、何度断られても諦めたり落ち込んだりせずに粘り抜く心が最も強く求められる仕事とされる生命保険の外交員を例にあげ、底抜けの楽天家は生命保険の外交員のような仕事で成功するとしている。楽観主義が威力を発揮するのは、外交員がノーと言われたときだという。

「悲観的な外交員は、『僕は能なしだ』とか『僕の勧誘では誰も保険に入ってくれるはずがない』

とか『一塁までだって行けやしない』などと、永続的で普遍的で個人的な説明をするだろう。こういう考え方をすると、次のダイヤルを回す（筆者注：電話をすること）のがますますつらくなる。このような思いを何度かすると、悲観的な外交員はその日はもう電話しない。そしていずれ完全にやめてしまうことになる。

一方楽天的な外交員はもっと建設的な考え方をする。『ちょうど忙しいところへかけてしまったんだろう』とか『もう保険に入っていても、10人のうち8人までが目一杯には保険をかけてはいない』とか『夕食中に電話してしまったんだ』などと解釈する。だからつぎのダイヤルを回すのが苦にはならず、数分のうちに面会の約束をしてくれる人に当たる（平均10人に一人はいるのだから）。これに勇気づけられて、どんどん電話をかけ、また予約を取り付ける。この外交員はこうして持ち前のセールスの才能を発揮する。」（セリグマン　山村宜子訳『オプティミストはなぜ成功するか』講談社文庫）

成功には失敗しても諦めないでいられる粘り強さが必要であり、楽観的な説明スタイルが粘り強さのカギになると考えたセリグマンは、メトロポリタン生命の外交員を対象に説明スタイルをチェックする楽観度テストを実施し、その1年後の仕事状況を調べた。

その結果、楽観度テストの平均以下の人は、平均以上の人と比べて、辞める率が2倍となっていた。また、下位四分の一に入る人は、上位四分の一に入る人の3倍も辞める率が高かった。

さらに上位半分の人は、下位半分の人よりも20％多く保険契約を成立させていた。そして、上位四分の一に入る人は、下位四分の一に入る人よりも50％多く契約を取っていた。

このように楽観的か悲観的かがモチベーションに大いに影響し、楽観度によってだれが生き残るかを予測することができ、またはだれが多く契約を取ってくるかも予測することができることがわかったのである。

楽観主義者と悲観主義者の説明スタイル

楽観主義とは、ポジティブな出来事やポジティブな結果を期待する傾向、ものごとが好転するであろうという信念のことをさすが、セリグマンは楽観主義と悲観主義は説明スタイルによって区別できると考えた。

セリグマンは、だれが決して諦めないかということについての研究において、ワイナーの原因帰属理論を参考に、永続性、普遍性、個人度という3つの次元を抽出し、それによって楽観的な説明スタイルと悲観的な説明スタイルを特徴づけている。

説明スタイルとは、何かが起こったとき、その出来事を自分自身に説明する習慣化した認知スタイルのことである。その説明スタイルには、永続性、普遍性、個人度の3つの次元がある。セリグマンによれば、楽観主義と悲観主義の説明スタイルにはつぎのような対照性がある。

①永続性

永続性とは、それが長く続くと思うか、一時的なものと思うかということである。すぐに諦める人は、自分に起こった不幸は永続的であり、悪いことは続くものであり、いつまでも自分の人生に影響を与えるだろうと考えている。無力感に陥らない人は、不幸の原因は一時的なものだと信じている。悪い出来事に対する説明スタイルを例示するとつぎのようになる。

永続的（悲観的）
「私はもう立ち直れない」
「ダイエットは決してうまくいかない」
「君はいつもがみがみ言う」
「上司はいやなやつだ」
「君は口をきいてくれない」

一時的（楽観的）
「私は疲れている」
「ダイエットは外食するとうまくいかない」
「君は私が部屋を片付けないとがみがみ言う」
「上司は虫の居所が悪い」
「君は最近口をきいてくれない」

悪いことを「いつも」とか「決して」という言葉で考え、いつまでも続くと思いがちな人は、永続的な説明スタイルを取る悲観的なタイプである。「ときどき」とか「最近」という言葉で考え、状況を限定し、悪いことは一過性であるとみなす人は、一時的な説明スタイルを取る楽観的なタイプといえる。

良い出来事についての説明スタイルは、悪い出来事についての説明スタイルと正反対になる。良い出来事に対しては、楽観的な人ほど永続的とみなし、悲観的な人ほど一時的とみなす。

一時的（悲観的）
「今日はついている」
「私は努力する」
「競争相手は疲れたんだ」

永続的（楽観的）
「私はいつもついている」
「私は才能がある」
「競争相手は能力がない」

楽観的なタイプは、良い出来事を特性、能力、いつもというような永続的な要因で説明する。それに対して悲観的なタイプは、状況、努力、ときどきのような一時的な要因で説明する。

②普遍性

普遍性とは、特定の理由によるものか、全般的な理由によるものかということである。自分の失敗に普遍的な説明をつける人は、あるひとつの分野で挫折するとすべてを諦めてしまう。一方、特定の理由によって説明をする人は、その分野では無力かもしれないが、他の分野ではしっかりと歩み続けることができる。悪い出来事に対する説明スタイルを例示するとつぎのようになる。

普遍的（悲観的）　　**特定的（楽観的）**

——「先生はみな不公平だ」　——「セリグマン教授は不公平だ」

——「不愉快だ」　——「彼は不愉快なやつだ」

——「本は役に立たない」　——「この本は役に立たない」

楽観主義者は悪い出来事には特定の原因があると考え、一方で良い出来事は自分のやることすべてに有利な影響を与えると信じる傾向がある。それに対して悲観主義者は、悪い出来事には普遍的な原因があり、良い出来事は特定の原因で起きると考える傾向がある。

特定的（悲観的）　　**普遍的（楽観的）**

——「私は数学がよくできる」　——「私はよくできる」

——「私の仲買人は石油株を知っている」　——「私の仲買人はウォール街を知っている」

——「私は彼女に受けがよかった」　——「私は受けがよかった」

③個人度

個人度とは、何かが起こったとき、それを自分のせいにするか、他人や状況のせいにするかということである。

悪いことが起こったとき、私たちは自分を責めるか、他の人や状況を責める。失敗したときに自分を責める人は、結果的に自分を低く評価することになる。外的な要因を責める人は、悪いことが起こっても自尊心を失わない。低い自己評価は、悪いことが起きたときに自分にせいにする説明スタイルによってもたらされることが多い。

自分のせい（悲観的＝低い自尊心）

——「私ははばかだ」
——「私はポーカーの才能がない」
——「私は安定性に欠ける人間だ」

外的要因のせい（楽観的＝高い自尊心）

——「お前ははばかだ」
——「私はポーカーでついてない」
——「私は貧乏な境遇で育った」

良い出来事に出会った際の楽観的説明スタイルは、悪い出来事に出会った際の逆になる。自分が良い出来事を招いたのだと信じる人は、他の人や状況が良い結果をもたらしたのだと信じる人よりも、自分自身を好ましく思う傾向がある。

外的要因のせい（悲観的）

——「偶然幸運に恵まれた」
——「チームメートの技がさえていた」

自分のせい（楽観的）

——「私は幸運を逃さない」
——「私の技がさえていた」

セリグマンは、このような説明スタイルは訓練することで改善可能であるとしている。諦め癖のついている人、うまくいかないとすぐにやる気がなくなる人は、いつの間にか悲観主義的な認知傾向を身につけてしまっている可能性がある。

モチベーション・マネジメントの観点からは、悲観主義的な認知の仕方を楽観主義的な認知の仕方に変えていくことで、挫折に強くモチベーションの高い心をつくることが大切といえる。永続性、普遍性、個人度という3つのポイントについて、セリグマンの示す事例を参考にしながら、悲観から楽観へと転換できるように認知の訓練をしてみるのが有効であろう。

楽観主義・悲観主義にもタイプがある

このような認知の特徴までは知られていないにしても、ポジティブ思考がモチベーションやパフォーマンスに好ましい影響を与えるということは、広く知られるところである。

だが、常に楽観的な人がうまくいくというわけではない。楽観的で見通しが甘く、準備も怠り、ミスをしがちな人がいたり、悲観的で不安が強いがゆえに、用意周到に準備を行い、ものごとを滞りなく進行させる人がいたりする。

そこで注目すべきは、ノレムたちの悲観主義・楽観主義の研究である。

ノレムとキャンターは、過去のパフォーマンスに対する認知と将来のパフォーマンスに対する期待によって、以下のような楽観主義・悲観主義の4つのタイプに分類している。

①戦略的楽観主義……過去のパフォーマンスに対してポジティブな認知をもち、将来のパフォーマンスに対してもポジティブな期待をもつ

②防衛的悲観主義……過去のパフォーマンスに対してポジティブな認知をもつが、将来のパフォ

ーマンスに対してはネガティブな期待をもつ

③非現実的楽観主義……過去のパフォーマンスに対してネガティブな認知をもつが、将来のパフォーマンスに対してはポジティブな期待をもつ

④真正の悲観主義……過去のパフォーマンスに対してネガティブな認知をもち、将来のパフォーマンスに対してもネガティブな期待をもつ

この中で、戦略的楽観主義者と防衛的悲観主義者が成績が良いことが多くの研究により示されている。

この類型の非現実的楽観主義をみると、楽観的ではあっても好ましくなく適応的でないタイプがあることがわかる。実際に成果を出していないのに、自分はできると楽観視するタイプである。いくら注意をしても染み込まず、「わかりました」と言うものの似たようなミスを繰り返す。このような経験から学ばないタイプには手を焼くが、ここから言えるのは楽観的であればよいというわけではないということである。この場合は、現実を直視させることが必要といえる。

また、真正の悲観主義者のように、これまで成果が出せていないからこの先もできそうな気がしないという場合は、自信をつけさせ、少しでもポジティブになれるようにサポートすることが必要であろう。

同じく悲観主義者であっても、防衛的悲観主義者の場合は、過去のパフォーマンスに対するポジティブな認知が自信になり、モチベーションになっているため、将来のパフォーマンスに対する期待が低くても諦めることはない。むしろ、将来のパフォーマンスに対して不安があり、楽観的にな

れないことが、成績の良さにつながっていると考えられる。その背後には、過去のパフォーマンスに対するポジティブな認知による自信と高いモチベーションがある。

悲観主義がパフォーマンスを上げさせるとき

ノレムは、ネガティブ・シンキングのポジティブ・パワーについての研究の中で、防衛的悲観主義者（DP）と戦略的楽観主義者（SO）を対比させ、とくに防衛的悲観主義の効用を説く。

ノレムによれば、防衛的悲観主義者は、つぎのような特徴をもつ。

『これから起こることを考えるときには徹底してネガティブ・シンキング。不安をもちやすく、「最悪の事態」をあらゆる角度から悲観的に想像しては失敗を確信する。しかし結果的にはもっともうまくいくタイプである。』

一方、戦略的楽観主義者は、つぎのような特徴をもつ。

『典型的ポジティブ・シンキング。不安になることが大嫌い。何事も全部うまくいくと大局的に楽観し、成功は「実力」、失敗は「たまたま」と考える。ポジティブな自己イメージに支えられていつもハッピー。批判されてもめげないか無視。実力がともなえば本当にハッピーだが……』

ノレムたちは、防衛的悲観主義者と戦略的楽観主義者に標準的な知能テストに似た問題をやらせる実験を行った。

実験を始める前に、まず彼らがどれだけ不安または落ち着きを感じているかを調べた。予想されるとおり、防衛的悲観主義の人は、戦略的楽観主義の人と比べて、ずっと不安が強く、落ち着きがなかった。

引き続いて参加者の半分に課題の出来を予想してもらうと、防衛的悲観主義の人は、戦略的楽観主義の人と比べて、自分の出来をかなり低く予想していた。実際には彼らの能力は互角であったのだが、防衛的悲観主義者は自分自身の成績の予想に関しても悲観的であることが示された。

残りの半分の参加者には、「あなたの実力なら、きっとうまくやれるはず」と伝え、彼らの予想に「先制攻撃」をかけたところ、それに影響されて、彼らはもう一方の何も言われなかったグループより良い成績を予想した。

興味深いのは実際の成績である。防衛的悲観主義者は、「あなたの実力なら、きっとうまくやれるはず」と言われることで、そう言われなかったグループよりも良い成績を予想したのだが、実際の成績は、そう言われなかったグループより悪かったのだ。

すなわち、防衛的悲観主義者は、悲観的なままでいた方が良い成績を上げることができ、楽観的になるとかえって成績が悪くなるのであった。

ここから言えるのは、だれもが楽観的な心の構えをもつことでうまくいくわけではないということである。日頃からうまくいくかどうか不安を抱きがちな人の中には、その不安を活かしているタイプがいる。不安ゆえに注意深く事に当たるため、うまくいく確率が高まるのである。そのようなタイプは、うっかり楽観的になると調子を崩してしまい、パフォーマンスが低下する。

防衛的悲観主義者にはコーピング・イメージが役立つ

防衛的悲観主義者は、その強い不安ゆえに、失敗するかもしれない、失敗したらどうしよう、失敗したときはどのようにカバーすればいいかなどと、失敗についてあらゆる想像をしながら万全の準備をしておこうとする。ゆえに、うっかり楽観的になったりすると、準備が疎かになり、かえって成績が悪化してしまうのである。

このような防衛的悲観主義者の心理は、ノレムによれば、スポーツ心理学者が選手の本番前にさせる「コーピング・イマジナリー」というテクニックに似たものといえる。これは、あらゆる場面を想像させて、さらに、どんなミスをしそうか、もしミスをしたら、どうやってそれをリカバーするかまで思い描くようにさせるものである。そうすることで、本番中に何があっても大丈夫と思えるようになるというわけである。

もっとポジティブなイメージづくりとして、スポーツ専門家により「勝利のイメージづくり」というテクニックも使われる。これは、完璧な演技を、鮮明に、細部まで想像させるというものである。頭の中で完璧な動きをリハーサルすると、それに対応する運動機能が強化されて、より自然に正確な動きが出せるので、良いパフォーマンスにつながるのである。勝利のイメージは、「自分はうまくできる」と思い込むことで、選手の自信を深めることにもなる。

パフォーマンス向上のために、「リラクゼーション・テクニック」も使われる。これは筋肉をすみずみまで弛緩させるものである。そのために癒しの音楽を聴いたり、リラックスしている自分の姿を思い描いたりする。

これら3つのイメージ・トレーニングのテープ、すなわち「コーピング・イマジナリーのテープ」「勝利のイメージのテープ」「リラクゼーション・イメージのテープ」が用意され、防衛的悲観主義者を3つのグループに分けて、グループごとに異なるイメージ・トレーニング・テープを聴かせた。その後でダーツのスコアを競い合わせた。

その結果、「勝利のイメージのテープ」や「リラクゼーションのイメージのテープ」を聴いた人たちより「コーピング・イマジナリーのテープ」を聴いた人たちの方が成績が良かった。防衛的悲観主義者にとって、勝利のイメージやリラクゼーションは助けにならず、普段の対処法に似ているコーピング・イマジナリーのみが助けになることがわかった。

結局、うまくいくかどうか不安になりがちな防衛的悲観主義者は、その不安ゆえに失敗したときのことをあれこれ考え、用意周到に準備し、慎重に事に当たり、万一ミスをしたときもそれをどのように挽回するかを考えておくことで、良い成績を上げることができているのである。

不安をモチベーションに役立てる防衛的悲観主義者

ここで勘違いしないようにしたいのは、単にネガティブであることが良いというわけではないということである。ネガティブな認知をするためにすぐに諦め、落ち込み、成果をあげられないといったタイプも少なくない。それに対して、不安が強いのに、なぜか成果を出しているタイプがいる。それが防衛的悲観主義者である。不安を用意周到さにつなげることができている悲観主義者ということになる。

ノレムも、防衛的悲観主義者とは、決して過去の出来事をネガティブに解釈することから始まるのではなく、未来の出来事に不安をもつことから始まるのだとし、そこで取られる心理作戦は、あくまで不安に対処するものであるという。すべて自分の思い通りになるとは思っていないからこそ不安なのだが、努力すれば報われることを知っていて、その点は自分次第だと信じている。この頑張れる力こそ、彼らの成功の鍵なのだ。しかもそれは、彼らのポジティブな性質ともつながってくる。ただのネガティブな人と違って、防衛的悲観主義者は希望をもっているのだという。

さらに、ネガティブな感情に耐えることができるのが防衛的悲観主義者の特徴であり、ネガティブな感情をそのまま受け止めながら、自分のやりたいことの邪魔をさせない、不安を十分に味わいながら自分の意思を貫けるという。つまり、不安をモチベーションの維持・高揚に利用することができるのである。

ゆえに、ポジティブな心理に導くことが、必ずしもモチベーションやパフォーマンスの向上につながるとはかぎらず、防衛的悲観主義者のような場合には、安心させようとする励ましや勇気づけがかえって逆効果になるのである。

防衛的悲観主義者を見分けるポイントは、過去のパフォーマンスが良く、これまでたいていうまくいっているにもかかわらず、今手がけていることに常に不安を抱いていることである。このようなタイプは、不安になることでうまくいっているのであるから、むやみに安心させるようなサポートはいらないのである。

では最後に、防衛的悲観主義者のチェックテストを次ページの表－7に示そう。

点数が高いほど防衛的悲観主義度が高いことになる。50点以上なら完全に防衛的悲観主義者ということになる。30点未満であれば、戦略的楽観主義者ということになる。

（表－７）DP 度テスト（防衛的悲観主義度テスト）（ノレム，2001）

あなたがベストを尽くしたいと思う状況を、思い浮かべてください。仕事でも、交友関係でも何でもいいので、目標を設定してください。次の質問に答えるとき、その状況であなたがどういう準備をするか考えてください。それぞれの答えが自分にあてはまるかどうか、１から７の７段階で答えてください。

1	2	3	4	5	6	7
全くあてはまらない						とてもよくあてはまる

・たぶんうまくいくと思っても、まずは最悪の事態を予測することが多い。	
・結果がどう出るか心配してしまう。	
・ありそうな結果を「すべて」じっくり考える。	
・よく、思ったとおりにいかないのではないかと不安になる。	
・失敗しそうなことを想像するのに時間をかける。	
・物事が悪いほうへ向かったときの気持ちを想像する。	
・もし失敗したらそれをどうカバーするか思い描くようにしている。	
・こういう状況で、自信過剰にならないように気をつけている。	
・こういう状況がせまっているとき、プランニングに時間をかける。	
・成功したときの気持ちを想像する。	
・こういう状況では、華々しく成功することより、バカみたいに見えるかもしれない、と心配することがある。	
・失敗しそうなことについてよく考えることで、万全の準備ができる。	

第8章 自己認知でモチベーションを高める

学習性無力感と環境に有効に働きかけることができるという感覚

いくら頑張っても成果が出ないとき、それが仕事や勉強でも、スポーツやゲームでも、「自分は有効な行動が取れない」ということで無力感をもつ。

一方、初めての仕事をスムーズにマスターできた人は「自分はたいていの仕事はこなせる」といった効力感をもち、スポーツ万能の人は「自分はたいていのスポーツはうまくできる」といった効力感をもつ。

セリグマンは無気力というのは生まれもっての性質なのではなく、いくら頑張ってもうまくいかないといった経験によってつくられるものと考え、そのことを動物実験で証明してみせた。

セリグマンは犬を使って電気ショックの実験を行った。実験箱の中は、低い柵によって二部屋に仕切られている。部屋の電気が薄暗くなってしばらくすると、床の金属板を通して電気ショックが与えられる。犬は苦痛のため跳び回るが、たまたま柵を跳び越えて反対側の部屋に行くと電気ショックから逃れられる。これを繰り返すことにより、多くの犬はこの仕組みを学び、部屋の電気が薄暗くなるとすぐに柵を跳び越えて電気ショックからうまく逃れるようになる。

このような実験箱とハンモックを使って、セリグマンは2日間にわたる実験を行った。

一日目は、犬はハンモックに固定された状態で、逃れることのできない電気ショックを何度も繰り返し与えられた。実験箱と違って、ハンモックではいくらあがいても電気ショックを避けることはできない。

二日目には、右に示したような実験箱を使って、電気ショックを何度も与えられた。実験箱では柵を跳び越せば電気ショックから逃れることができる。通常は犬なら何度か電気ショックを受けるうちに、柵を跳び越えるという適切な行動を学習するのだが、多くの犬は無気力状態でただ電気ショックの苦痛に耐えるだけであった。

最初から二日目の実験をすれば、多くの犬は電気ショックから逃れるための行動を学習できるはずであるのに、一日目にいくらあがいても逃れることのできない電気ショックを繰り返し与えられることによって、無力感というものを学習してしまったのであった。そのために、頑張れば苦しい状況から逃れることができるにもかかわらず、なんとかしようという気力が湧かず、床にうずくまってただひたすら苦痛に耐えるだけということになったのである。

この実験は、努力しても自分の置かれた苦しい状況が好転しないとき、無力感が学習されることを示している。

その後、セリグマンたちは、解決不可能な課題を与え、努力しても何ら良い結果が得られないといった経験を繰り返すことにより、学習意欲が低下し、気分が安定しなくなることを明らかにした。そして、このようにして生まれる無気力状態を学習性無力感と名づけた。すなわち、自分の無力を思い知らされるような状況を繰り返し経験することによって身につけられた無力感という意味である。環境に有効に働きかけることができないという感覚を学習してしまったのである。

ここから示唆されるのは、モチベーションを高めるには、努力が報われる経験、自分が行動することで状況を好転させることができるという経験を与えることが大切だということである。

自己効力感とは

「どうせ自分はうまくいかない、やっても無駄だ」と思うとモチベーションが下がるが、「こうすれば、うまくいくはず」と思えばモチベーションは上がる。

常識的にはこのようなことになるが、「こうすれば、うまくいくはず」と思っていながら実際に動き出さない人というのがいる。そして、周囲を見回すとそのような人が意外に多いのではないだろうか。

ダイエットのためには甘い物を食べるのを控えればうまくいくだろうと思っているのに、つい甘い物を食べてしまう。成人病の兆候が出始め、軽い運動を続ければ改善できる、よし明日からやろうと思うのに、気がつくとまったく運動をしないままに日々が過ぎている。そのようなことはけっして珍しくはないはずである。

そこで、バンデューラは、「こうすればうまくいく」という期待が直接モチベーションにつながるわけではないと考え、期待を結果期待と効力期待に分けた。

結果期待とは、「こうすればうまくいく」という期待のことである。「こうすればダイエットに成功するだろう」「こうすれば禁煙に成功するはず」「こうすれば資格試験に合格できるだろう」というような見込みのことである。

このような期待があったとしても、必ずしもその行動を取るとはかぎらない。こうすればダイエットが成功するとわかっていても、それができない。こうすれば禁煙ができると思っても、それができない。こうすれば資格試験に合格できると思っても、それができない。そこに効力期待という概念が登場する。

効力期待とは、自分はその行動を取ることができるという期待、すなわち自分にはできるという自信のことである。資格試験に合格するには、毎朝1時間早く起きて勉強すればよいと思っても、「自分にはちょっと無理かもなあ」と思う人はなかなかできないが、「自分はきっとできる」と思う人はモチベーションをもって取り組める。

バンデューラは、効力期待がモチベーションにとっては重要だと考え、これを自己効力感と呼んだ。

自己効力感の高い人は目標を高く設定する

具体的な目標の設定がモチベーションにつながることはしばしば指摘されることである。それについては第10章で詳述するが、自己効力感の高い人は、高い目標を設定する傾向がある。その目標を達成すると、それに甘んじることなく、さらに高い目標を設定する。

何らかの目標を達成するために必要な行動を取ることができるという自信が自己効力感である。その自信がモチベーションを生み出し、高い目標を設定させるのである。目標を達成した場合も、満足感に浸るよりも、達成感がさらにモチベーションを刺激し、より高い目標の設定に向かわせるのである。

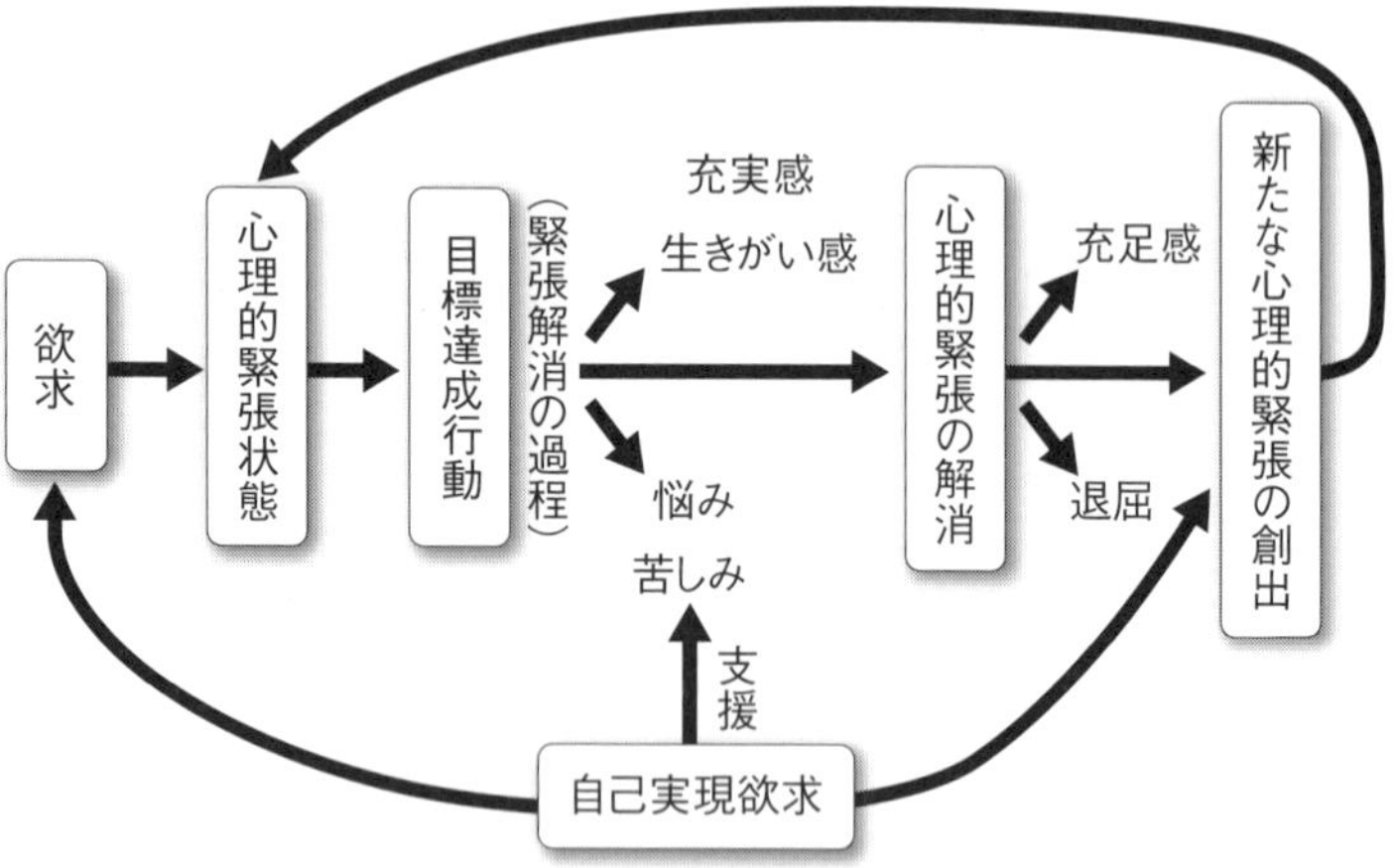

（図－12）健康なパーソナリティのモデル（榎本，2003）

バンデューラは、自己効力感による動機づけは不均衡の創出と均衡を取ろうとする行動につながるというが、それは現実に比べて非常に高い目標の設定と、目標とのギャップを埋めるべく行動することを指している。

このような自己効力感の機能は、筆者が提起した健康なパーソナリティのモデルにおいて「新たな心理的緊張の創出」および「目標達成行動」に深く結びついたものといえる。

そのモデルは、何の葛藤もなく、心理的緊張から解放された状態を健康と考える一般的な見方に対して、異議を唱えたものである。

たしかに安楽はひとつの理想的状態かもしれない。何の緊張もない平安の中で穏やかな気持ちでゆったりとくつろぐことができる。しかし、私たちは、すべてがうまく調和し、何もすべきことのない状況に置かれて、はたして生き生きとしていられるだろうか。私たちが最も充実し、生きがいを感じるのは、むしろ張りつめた気持ちの中で精一杯頑張っているとき、苦しみつつも目標に一歩一歩近づきつつあるのを実感するときではないのか。すなわち、生き生きとしている人というのは、心理的緊張の解消に向かって行動を取るだけでなく、適度な緊張を自ら生み出しているのである。

したがって、環境に適応して安楽に暮らすだけでは十分ではなく、自分自身の成長を積極的に求めて、自ら緊張状態をつくりだし、悩み苦しみつつ挑戦的に自己を高めていくのが健康なパーソナリティということができる。それをモデル化したのが図－12である。

このようなモチベーションがうまく機能している健康なパーソナリティの鍵を握っているのが自己効力感だということができる。

自己効力感がモチベーションを通してパフォーマンスを高める

自己効力感がモチベーションを高めるのであれば、それは当然パフォーマンスの向上につながるはずである。

実際、禁煙行動に対する自己効力感が高い人ほど禁煙に成功しているなど、健康習慣の形成や薬物等の依存からの脱却に関しても、自己効力感が成功の鍵を握ることが示されている。「自分は禁煙ができる」という自己効力感があれば、困難を伴うものであっても禁煙行動を取ろうとするモチベーションが高まり、禁煙行動を忍耐強く続けていくことができる。

また、スポーツ競技の成績に関しても、過去の実績よりも自己効力感の方が、その後の成績の予測変数として強力であることも示されている。過去の実績のある人物が好成績を残すのは容易に想像できることだが、それ以上に「自分は速く走れるはず」「自分は遠くまで投げられるはず」などといった自己効力感の方が成績に強く影響するのである。これは、自分はできるはずという自己効力感が練習に対するモチベーションを高めるため、それが成果につながるのであろう。

このように自己効力感は、どんな領域の行動であるかにかかわらず、モチベーションを刺激し、パフォーマンスを向上させる力を持っているといえる。当然、仕事に関しても自己効力感はモチベーションを通してパフォーマンスに大きな影響を及ぼすものと考えられる。

そこで問題になるのは、どうしたら自己効力感を高めることができるのかということである。

自己効力感を高める方法

自己効力感を高めるための方法として、バンデューラは、次の4つがあるとしている。

①成功体験（直接的な成功体験）
②モデリング（代理体験＝間接的な成功体験）
③人からの説得（言語的説得）
④生理的・感情的状態（生理的高揚や肯定的な気分）

コントロール体験、つまり自分の行動をうまくコントロールしてうまくいったという体験は、自分は成功するために必要なことは何でもできるという自信につながる。つまり、成功体験は、自分自身の効力感に対する強固な信念を生み出すことになる。反対に失敗すれば、自己効力感は低下する。

バンデューラによれば、自己効力感を高めるには、忍耐強い努力によって障害に打ち克つ体験が必要となる。ものごとを遂行していく上での困難やつまずきは、成功するためにはたえず努力することが必要なのだということを教える役目を果たしている。そのことを学んでいれば、逆境に直面してもそれに耐え、挫折からも素早く立ち直ることができる。

こうしてみると、自己効力感を高めるには、苦しい状況を忍耐強く頑張ることで切り抜ける体験を積むことが必要ということになる。成功体験を与えることが自信につながるとよく言われるが、簡単にクリアできる課題をこなすのではなく、苦しい状況を切り抜ける経験ができるような困難な課題を与えることが必要なのである。ただし、そこで苦境に負けて潰れてしまっては元も子もないので、それに成功するためのサポートも工夫する必要があるだろう。

モデリングあるいは代理体験というのは、だれかがうまくいくのを観察することである。だれかが忍耐強く努力して成功を勝ち取るのを見ることで、自分にもできるという思いが湧いてくる。反対に、だれかが一生懸命に頑張ったのにうまくいかなかったというのを見ると、自己効力感は低下してしまう。

バンデューラによれば、自己効力感に対するモデリングの影響力は、そのモデルとなる人物と本人との類似性に強く影響される。モデルと自分自身との類似性が高いほど、モデルの成功や失敗の影響を強く受ける。モデルはどうすればうまくいくかのヒントとなる知識やスキルを教えてくれるが、それ以上に困難にめげずに忍耐強く対処しようとする姿勢を学ぶことが自己効力感にとって大きい。

仕事でモデルとなる人物が先輩など身近にいる場合はよいが、身近になかなかモデルがいない場合は、頑張り抜いてうまくいった実業家やスポーツ選手などのエピソードを示すことで、「自分も頑張ればできるはず」と感じられるように自己効力感を刺激するという方法もある。

人は案外暗示にかかりやすいものである。「君ならできるはずだ」と上司や先輩から言われると、何だかできるような気がしてくる。バンデューラも、ある行動を取るように勧められ、その行動を習得する能力があると言われた人は、困難にぶち当たっても、自分の能力不足についてくよくよ考えたりせずに、その行動に没頭し続けることができるという。

能力が欠けていると思い込んでいる人は、最大の努力を続けることができず、困難に直面するとすぐに諦めてしまう。そのような人に対しては、自己効力感を高めるような声がけをしていく必要がある。

生理的・感情的な状態も自己効力感に影響する。バンデューラによれば、自己効力感は肯定的な気分で高まり、落胆した気分によって低下する。ストレス反応や緊張を感じると、自分の遂行能力が低下しているとみなしたりする。

ゆえに、自己効力感を高めるには、身体の状態を向上させ、ストレスやネガティブな感情傾向を減らすことが大切ということになる。

自動動機理論

自己効力感によってモチベーションを高めるというのは、いわば意識の世界のことであるが、最近の心理学の研究では、無意識のうちにモチベーションが刺激され、自然にやる気になるといった心理メカニズムの存在が証明されている。

そのことを説明するのがバーによる自動動機理論である。自動動機理論とは、環境刺激によって、無自覚のうちに自動的に動機づけが行われることがあるとするものである。

バーたちは、アルファベットが縦横に並べられたマトリックスから指定された単語を見つけ出すという課題を用いて、それを証明する実験を行っている。

実験参加者は、2つのグループに分けられた。一方のグループには、「勝利」「競争」「成功」「奮闘」や「達成」といったモチベーションを刺激する言葉を見つけさせた。もう一方のグループには、「牧場」「じゅうたん」「川」「シャンプー」や「こまどり」といったモチベーションと関係のない言葉を見つけさせた。

その課題に続いて、パズル課題に取り組ませたところ、「成功」や「達成」のようなモチベーションを刺激する言葉を見つける課題に取り組んだグループの方が、パズル課題の成績が良かった。

実験参加者たちは、自分が直前に行った課題で使われた単語の意味に影響を受けていることには気づいていなかったが、無自覚のうちに見つけ出そうとした単語の意味にモチベーションを刺激され、その後の課題に対する取り組み姿勢が積極的になっていたのであった。

同様に、「仲間」とか「協力」といった言葉を見るだけで、自然に親和動機が刺激され、人と親和的にかかわる行動が促進される。

このような自動動機理論から言えるのは、仕事へのモチベーションを高めようとするなら、仕事環境をモチベーションを刺激するものにする工夫が必要だということである。

自分の部屋に「努力」とか「克己」「根性」などの言葉を刻んだ色紙や盾を飾ってある人もいるが、そうした装飾品も実際に本人のモチベーションを高める効果をもっているのかもしれない。

達成目標や仕事上の理念を壁に貼ってある職場もあるが、自動動機理論からすれば、それらは無自覚のうちに従業員の心に刻まれ、モチベーションを高める効果をもっている可能性があるので、けっして無駄とはいえないであろう。

第9章
関係性によって
モチベーションを高める

とくに日本人で重要な関係性

個を生きる欧米人に対して、私たち日本人は関係性を生きている。自称詞が相手によって変幻自在に変わるのも、関係性によって自分の出し方を調整しなければならないからである。

個を生きる欧米人と関係性を生きる日本人では、ビジネスライフもモチベーションのあり方も大きく異なるはずである。それにもかかわらず、モチベーション論をはじめアメリカのビジネス理論が直輸入され、もてはやされている。アメリカ流のビジネス理論を参考にするにしても、日本流に翻訳することが必要である。

たとえば、ハーズバーグは、それが満たされないと職務への不満をもたらすが、満たされたとしても職務満足にはつながらずモチベーションにもつながらない要因を衛生要因とし、職場の人間関係を衛生要因に分類した。個を生きる欧米人にとっては、職場の人間関係はそれほど重要ではないため、嫌な人間関係は不満につながっても、人間関係が良好だからといってモチベーションが上がるわけではないのかもしれない。

だが、日本では職場の人間関係のもつ意味は重要で、職務満足やモチベーションに大きく影響する。そのことはさまざまな研究によっても支持されている。

まずは、英語の「I」と日本語の「私」の比較から始めて、日本人にとって関係性がいかに重要であるかを確認しておきたい。私は、「I」と「私」の違いについて、次のように指摘したことがある。

『英語の『I』は、一般に『私』と訳される。……（中略）……だが、心理学的にみると、『I』と『私』はまったく違った心の性質をあらわしていると言わざるを得ない。……（中略）……

英語の『I』というのは、どんな文脈に置かれても『I』であることに変わりはない。友だちと飲んで騒いでいるときも『I』、家族団らんの場でも『I』、職場でも『I』、得意先の人を前にしても『I』である。どんな場面でも、『I』は『I』であり、姿形を変えることはない。

それに対して、日本語の『私』は、文脈によってその姿形を変えるのが常である。友だちと飲んで騒いでいるときは『オレ』になり、家族団らんの場では『お父さん』になり、職場でも同僚と話すときは『僕』となり、上司と話すときには『私』であり、得意先と話すときには『私』だったり『ウチ』や『弊社』だったりと、文脈によって変幻自在に姿形を変える。

このように英語の『I』の確固たる姿、だれが何と言おうと『I』は『I』なのだとでも言うかのような断固たる姿。それに対して、相手がだれであるかによって姿形を変えていく日本語の『私』の揺らぎやすさ、相手との関係性がはっきりしないと形が定まらない不安定さ。それは見事に好対照をなしている。』（榎本博明『ディベートが苦手、だから日本人はすごい』朝日新書）

このように関係性を生きる私たち日本人にとって、職場の人間関係がモチベーションに及ぼす影響は非常に大きいとみなさざるを得ない。

職種固有のスキルだけではやっていけない日本的組織

職種を選び、その職種のプロとしてやっていく欧米のビジネスパーソンは、自分の職種を決めて就職する。職種固有の知識やスキルの上達が成功への道となる。マーケティングのプロは、マーケティングの知識やスキルを磨き、マーケティングのプロとして自分を売り込む。就職した会社の待遇に満足できないときは、マーケティングのプロとしての自分をもっと高く評価してくれる別の会社に移ることになる。

それに対して、日本の就職は、職種を選ぶのではなく会社を選ぶのが一般的である。就職というより就社だと言われたりするのもそのためである。たとえマーケティングのプロになりたいと思っても、どんな部署に配属になるかわからない。運良くマーケティングの部署に配属されたとしても、数年後に営業に回されるかもしれない。財務に回されるかもしれない。そんな日本的組織で成功するには、職種固有の知識やスキルだけでは不十分であり、人間関係能力が重要となる。

すなわち、日本的組織では、ストレスもモチベーションも職場の人間関係に大きく依存しているということができる。

困難に負けずに何かを成し遂げたいという欲求を達成欲求といい、人と親密にかかわり合いたいという欲求を親和欲求という。アメリカの調査研究では、達成欲求は親和欲求との間に相関がなかったり、負の相関がみられたりする。つまり、人と親密にかかわり合いたいと思わない人ほどモチベーションが高い。それに対して、日本の調査研究では、両者の間に正の相関を報告するものが少なくない。すなわち、人と親密にかかわり合いたいと思う人ほどモチベーションが高い。

このことは、厳しい競争社会であるアメリカと、協力し合うことが達成欲求を満たすことにつながりやすい日本社会の特徴を端的に表しているともいえるであろう。

日本的なモチベーション

関係性が重視される日本社会では、働くモチベーションにも関係性が深くかかわっていると考えられる。それは、既に学校時代の学びに対するモチベーションにもあらわれている。

ハミルトンたちは、日本とアメリカの小学校5年生を対象とした調査の中で、成績や勉強に対する意識を比較している。それによれば、一生懸命に勉強をしたり、良い成績を取ろうとする理由において、日米で大きな違いがみられた。

たとえば、「テストで良い成績を取ることが大切なのはどうしてか」という質問に対して、アメリカの子どもたちは、「自分の知識が増えるから」のように自分のためという理由をあげることが多かった。それに対して、日本の子どもたちは、「お母さんが喜ぶから」「成績が悪いと先生に叱られるから」のように親や教師といった他人を意識した理由をあげることが多かった。このように、アメリカの子どもたちが自分を意識した反応はアメリカの子どもたちの2倍以上であった。このように、アメリカの子どもたちが自分のために勉強を頑張るのに対して、日本の子どもたちは親や先生を喜ばすため、あるいは親や先生を悲しませたり怒らせたりしないために勉強を頑張るという傾向がみられたのである。

臼井は、日本の子どもに親や先生を喜ばせるため、あるいは悲しませないために勉強を頑張るという回答が目立つというハミルトンたちの調査結果は、日本人の大人の達成動機について分析したデヴォスの説明と一致するとしている。

デヴォスは、日本人の達成動機の深層に母と子の絆があると考える。母親は子どものために犠牲を払い、自分自身の利己的な願望は抑制する。そうした母親の自己犠牲的な、ある意味でマゾヒスティックな行動を見ている子どもは、罪悪感を抱くとともに、一刻も早くこのような自己犠牲的な状況から母親を解放してやれるように自らの目標達成に励む。かつてはそれは立身出世であった。

しつけと教育に関する日米の比較研究を長年にわたって行ってきた東も、日本的な意欲は、周囲の人たち、とくに強い相互依存で結ばれた身近な人たちの期待を感じ取り、それを自分自身の中に内面化したものが原動力となる傾向が顕著であると指摘している。中学や高校で受験勉強に励む生徒に、「なぜ希望の学校に入りたいのか」と尋ね、その理由を3つあげさせたなら、大部分の者が親を喜ばせたい、親を満足させたいという理由をそのひとつにあげるだろうし、教師や母校への言及も含めれば、さらに多くなるだろうという。

日本の親子関係の様相もずいぶん様変わりし、自己犠牲的に子どもに尽くす母親と、その母親のために頑張ろうとする子どもという構図が、今の時代にどこまで当てはまるかは疑問である。だが、自分のためになるから勉強を頑張るというアメリカ的な動機づけに対して、世話になっている親に対する「申し訳ない気持ち」から勉強を頑張るという深層心理は、今でもかなり機能しているのではないだろうか。

頑張る理由として、自分が人間的に成長するからとか、知識が増えて将来役に立つからというような個人的かつ合理的な理屈だけでなく、自分にとって重要な人物を思い浮かべ、その人を喜ばせたいからとか、悲しませたくないからといった人間関係に起因する感情が重視され、頑張れないときや成果が出ないときには申し訳ない思いに駆られるところが、いかにも日本的な特徴ということができる。

このようなだれかのために頑張るというのは、勉強に限らず、仕事においても今でも広く機能しているように思われる。スポーツ選手がインタビューで、お世話になっている監督のためにも絶対に優勝したいなどと口にするのは、今でもしばしば見かける光景である。職場でも、上司の期待を裏切らないように頑張らねばとか、頑張っている仲間のためにも失敗するわけにはいかないなどといった思いを抱くのは、けっして例外的なことではないだろう。

自己決定理論は日本には当てはまらない部分もある

人は自分で自分を動かしたいと思うもので、他人から動かされるだけではモチベーションが上がらない。ゆえに、モチベーション・マネジメントという観点からすれば、従業員のモチベーションを上げるには、自己決定の部分を多くすることが重要となる。これが自己決定理論で強調されるところである。

だが、前項で指摘したように、日本人には自分のためというより人のため、自分にとって大事な人のために頑張るという傾向がある。したがって、モチベーション・マネジメントにおいても、上司と部下、あるいは同僚同士など、関係性を良好に保つことが仕事のモチベーションを上げるのに非常に有効ということになる。そうなると、欧米流のモチベーション理論を日本向けに修正する必要が出てくる。

そもそも欧米人と日本人では、自己のあり方が正反対といってよいほどに異なっている。人の意向や期待を非常に気にする日本的な自己のあり方に対して、自主性がないとか自分がないなどと批判されることがある。だが、それは欧米的な自己観に基づいた発想にすぎない。

東は、日本人の他者志向を未熟とみなすのは欧米流であり、他者との絆を強化し、他者との絆を自分の中に取り込んでいくのも、ひとつの発達の方向性とみなすべきではないかという。

『われわれの中におそらく欧米人よりもはるかに強くある役割社会性や他者志向性を、脱亜入欧的な近代化で取り入れたタテマエのフィルターをはずして認識することが必要だと思う。

たとえば日本人の『他者志向性』は、自我の未発達と表裏一体を成すものと見えるかもしれない。けれども他から切れていた方が成熟度が高いと見るのは、開拓社会的な価値観の視点に立ってのことではないだろうか。自己が自己完結的になっていくのもひとつの発達の方向だろうが、他との絆が強くなりそれが自分の中に取り込まれていくのもやはりひとつの発達の方向で、価値的にどちらを上とはいえないのではないだろうか』（東洋『日本人のしつけと教育―発達の日米比較にもとづいて』東京大学出版会）

そして、マーカスと北山による文化的自己観に言及している。

文化的自己観とは、文化によって自己のあり方が異なるとする見方である。たとえば、自分の特徴をあげさせると、アメリカ人の多くは、積極的とかスポーツ万能といった自分自身の特徴をあげる。それに対して日本人の多くは、社会的所属、地位、お母さん子、長男などといった人との関係をあげる。そこからマーカスと北山は、欧米文化においては個々の人間が本質的に離ればなれになっているものなのだという信仰があるため、だれもが他人から独立し、自分固有の特性を発揮するように求められるが、それは普遍的な価値観ではないとする。

欧米と違って日本では、自分自身を周囲の社会関係の一部とみなし、かかわりのある他者の思考や感情、行為をどのように知覚するかによって行動が決まる。他者の意向と無関係に自分が決めるのではない。自分に独自性があるとしても、それは自分がどのような人間関係の中に位置づけられるのかも含めての独自性ということになる。

このような日米の人間観の違いを端的にあらわすために、マーカスと北山は、アメリカ的な独立的自己観と日本的な相互協調的自己観を対比させている。

独立的自己観では、個人の自己は他者や状況といった社会的文脈とは切り離され、その影響を受けない独自の存在であるとみなす。それに対して、相互協調的自己観では、個人の自己は他者や状況といった社会的文脈と強く結びついており、その影響を強く受けるとみなす。

また、独立的自己観では、個人の行動は内的な条件によって決定されるとみなす。それに対して、相互協調的自己観では、個人の行動は他者との関係性や周囲の状況によって決定されるとみなす。

さらに、独立的自己観では、自分の内的な能力を開発し、納得のいく成果を出すことが自尊心に結びつく。それに対して、相互協調的自己観では、かかわりのある他者と良好な関係を築き、社会的役割を十分に担うことが自尊心に結びつく。

このようにみてくると、私たち日本人にとって、モチベーションというのは他者との関係性を通して大きく上下するものであることがわかる。

目標設定においても関係性が重要

目標によるマネジメントというものが日本でも広まってきている。目標管理に関しては、具体的な目標の設定がパフォーマンスの向上にとって重要であると言われたり、目標の設定に当たっては一方的に目標を与えるのでなく本人と話し合って目標を設定することでモチベーションが高まると言われたりする。

目標設定理論については第10章で詳述するが、ここでは目標設定に関しても日本では関係性が重要となることを指摘しておきたい。

イエンガーとレッパーは、7歳〜9歳のアングロ系アメリカ人とアジア系アメリカ人の子どもを「自己選択条件」「実験者選択条件」「母親選択条件」の3つのグループに分けて、バラバラの文字から意味のある言葉をつくっていくアナグラム課題をやらせた。アナグラム課題は、動物、パーティ、サンフランシスコ、家族、家、食べ物という6つのジャンルのものが用意されていた。

その際、自己選択条件の子どもたちには、それぞれ自分でやりたいジャンルの課題を選択させた。実験者選択条件の子どもたちには、やるべき課題を実験者が選んで与えた。母親選択条件の子どもたちには、それぞれの子どもの母親が選んだということにして、実際には実験者が選んだ課題を与えた。

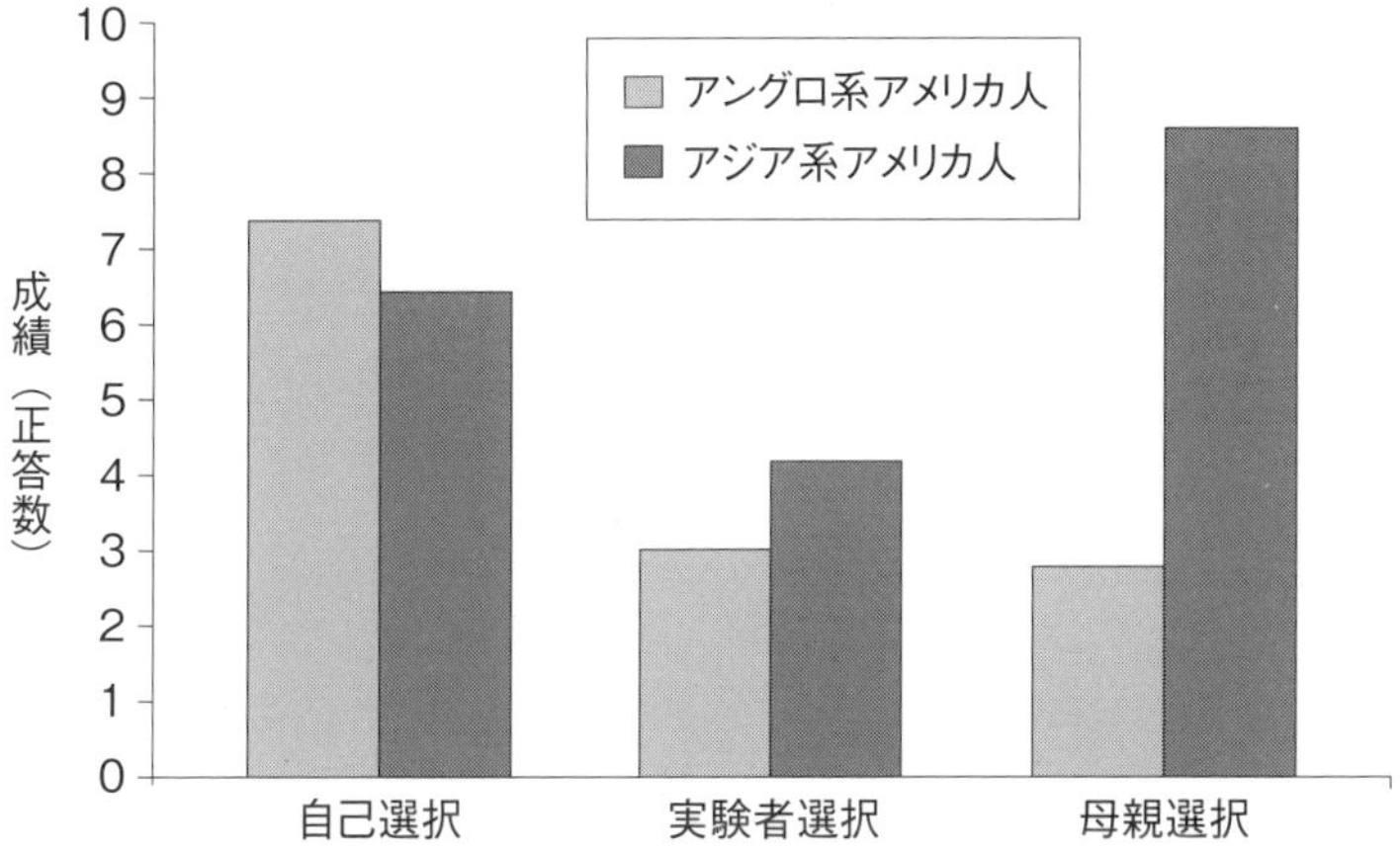

（図－13）課題の選択法と成績（イェンガーとレッパー，1999）

自己決定理論にしたがえば、自己選択条件のときにモチベーションが最も高く、人から一方的に与えられたときにはモチベーションは低いことになる。

結果をみると、アングロ系とアジア系で非常に異なる傾向がみられた。

正解の数をみると、アングロ系では、自己選択条件のときに最も成績が良く、実験者選択条件や母親選択条件のときよりも有意に成績が良かった。自己選択条件以外では、実験者が選ぼうが母親が選ぼうが、何の影響もなかった。それに対して、アジア系では、母親選択条件のときに最も成績が良く、自己選択条件や実験者選択条件のときよりも有意に成績が良かった。さらに、自己選択条件のときの方が実験者選択条件のときよりも有意に成績が良かった。

このように、アングロ系では自己選択がパフォーマンスを最も高めるが、アジア系では母親選択がパフォーマンスを最も高めることがわかった。

モチベーションの指標として、イェンガーとレッパ

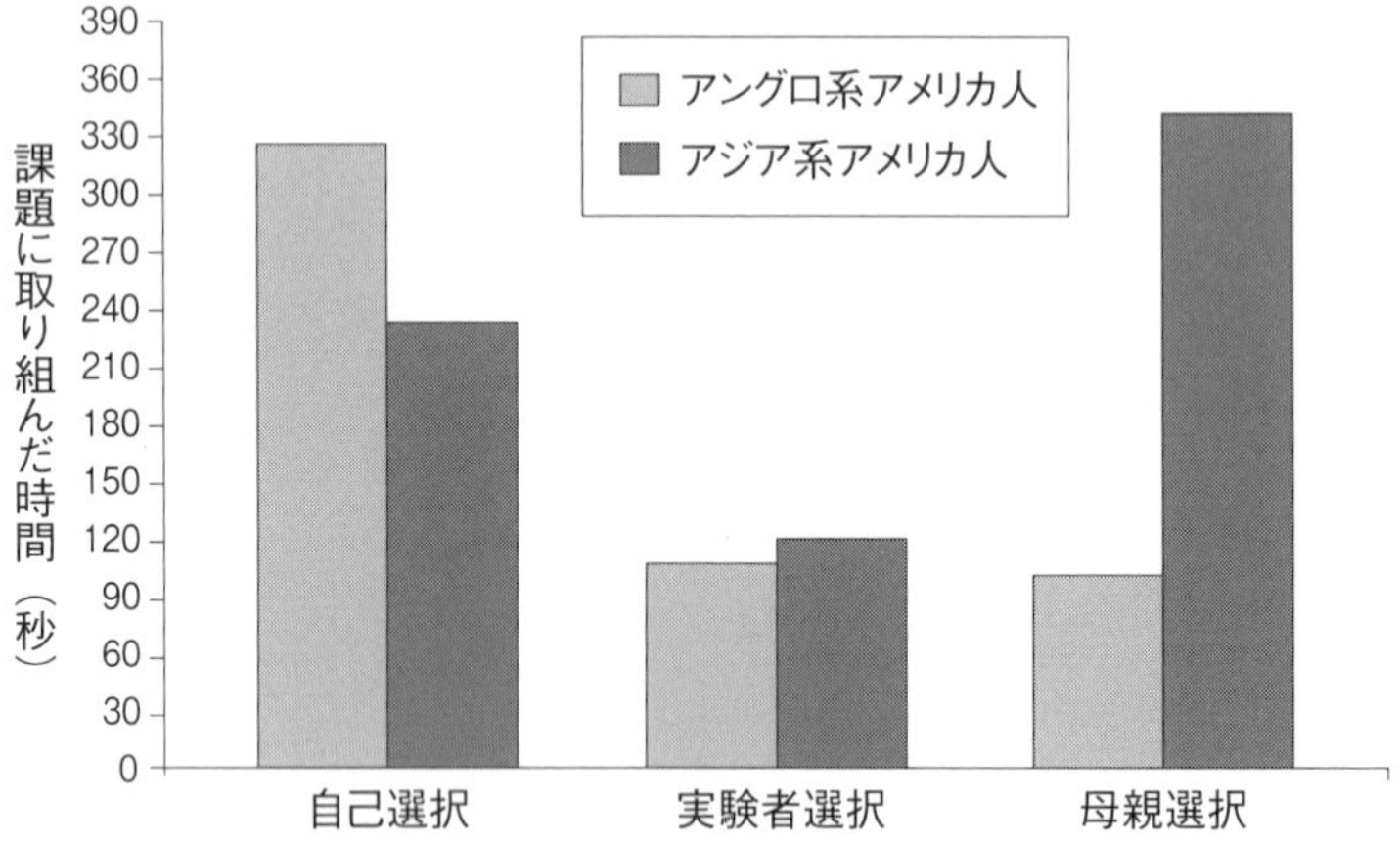

（図－14）課題の選択法と取り組み時間（イェンガーとレッパー，1999）

ーは、自由時間中にアナグラム課題に自発的に取り組んでいる時間を用いている。アナグラム課題に6分間取り組ませた後、何をしていてもよいといって実験者が6分間席を外し、その間に引き続いて自発的にアナグラム課題に取り組んでいる時間をこっそり計ったのである。

その結果、やはりアングロ系とアジア系で対照的な傾向がみられた。アングロ系では、自己選択条件のときに最もアナグラム課題に費やした時間が長く、他の2つの条件のときより有意に長かった。実験者選択条件と母親選択条件の間に差はなかった。それに対して、アジア系では、母親選択条件のときに最もアナグラム課題に費やした時間が長く、他の2つの条件のときより有意に長かった。さらに、自己選択条件のときは実験者選択条件のときよりも有意に長かった。

費やす時間は、内発的なモチベーションの指標といえる。したがって、アングロ系では自己選択条件のときに最もモチベーションが高まり、アジア系では母親選択条件のときに最もモチベーションが高まるといってよいであろう。

このような結果は、自己決定がモチベーションを高めるという理論がアジア人には当てはまらないことを示唆するものといえる。

さらには、モチベーション・マネジメントの観点からすれば、仕事の目標や課題を与える立場にある上司と部下の関係性が決定的に重要だということになる。

上司と部下の関係性

第6章で気分がモチベーションに与える影響について検討したときに、上司の態度が部下の気分に影響し、それが部下のモチベーションに影響することを説明した。当然のことながら、独立的自己を生きるアメリカ人にとっても上司との関係はモチベーションに影響する。

リッカートは、職務満足度の高い集団と低い集団で監督者行動の比較をしている。その結果が表-8である。それぞれの集団で自分たちの上司が各項目に記された行動を取っているとみなす比率を示したものである。

これをみると、こちらに関心をもち理解しようと思ってくれ、こちらの話に耳を傾けてくれ、こちらのアイデアを活かそうとしてくれ、結果のフィードバックをしてくれ、何かあったときには支持し弁護してくれ、コマとしてより人間として扱ってくれる上司のもとで職務満足度が高いことがわかる。

自己決定理論からすると、自律性が重要で、上司から押しつけられやらされている、一方的に与

（表－8）監督者の配慮行動と部下の職務満足度の関係
（リッカート，1961より作成；ブルーム，1964）

監督者行動	好意的態度の作業集団の中で、自分の監督者が記述された活動に従事していると報告した従業員のパーセンテージ	非好意的態度の作業集団の中で、自分の監督者が記述された活動に従事していると報告した従業員のパーセンテージ
昇進、転任、報酬の向上に努める	61	22
人々に会社で起こっていることを報告する	47	11
人々に彼らがどのようにうまくやっているかを知らせる	47	12
不平や苦情を聞く	65	32
従業員を仕事の手段としてよりもむしろ人間として考えている	97	33
私を支持し、弁護してくれる	87	30
通常自分自身やまたは会社だけに役立つよりも、部下やまたは部下と会社の両方に役立つ	86	29
私に関心をもち、私の問題を理解してくれる	81	29
真に集団の一部であり、利害は集団の人々のそれと同一である	66	16
われわれのアイディアを手に入れることが好きであり、それらのあるものをやってみようとする	62	17

えられているといった感じだと、モチベーションは上がらない。このことは、独立的自己を生きる欧米人のみならず、相互協調的自己を生き、関係性を生きる日本人にとっても重要である。

上司が部下に指示を出し、課題を与えるのは当然のことであるが、それを自分自身の課題として受け止めることができるかどうかにモチベーションは大きく左右される。とくに日本人においては、良好な関係性を通して、与えられた課題を自分のものとして受け入れることで自律的な動機づけとなる。

そのためにも上司は一方的に指示を出すのでなく、どうしてその作業が必要なのか、どんな意図があるのか、どういう意味があるのかを説明し、本人が納得できるようにすることが必要といえる。できるだけ対話の場を設けることが大切である。

そこで上司に求められるのが傾聴力である。積極的傾聴と言われたりするが、これはカウンセリングの場からビジネスの場に応用され、広く推奨されるようになったものである。そのポイントは次の通りである。

①相手の言葉にしっかり耳を傾ける
②相手の言葉をさえぎらない
③自分より相手に多くしゃべらせる
④言葉に込められた思いを汲み取ろうとする
⑤共感的に聴く
⑥相手の言うことを頭ごなしに否定しない
⑦相手に関心を向ける
⑧答えやすい質問をする

こうした姿勢をもって行われる上司による傾聴は、二重の意味で効力をもつ。

第一に、部下の気持ちへのケアになる。聴いてもらえた、興味をもってくれた、わかってくれたといった思いがモチベーションを上げる。

第二に、部下の気づきを促す。語ることで潜在的な思いが刺激され、気づきが得られる。

このような語りを引き出しながら部下の気づきとモチベーションを引き出していく手法を、筆者はナラティブ・コーチングと名づけ、そのエッセンスを『お子さま上司の時代』（日経プレミアシリーズ）の中で紹介している。

「大切なのは、日々の感情をケアすることであり、そのために日々の思いを引き出すことである。」

「部下が悩んでいることや行き詰まってる思いなどを口にしたからといって、上司として解決策を示してやれるわけではない。部署としての方針に問題がある場合は、有効な対策を考えることもできる。部下の行き詰まり感に対して、発想の転換を促すようなアドバイスができることもあるだろう。だが、直接的に役立つ行動がとれない場合も、部下の思いに耳を傾けるだけで力になることができる。

自分のことを気にかけてくれている。自分の思っていることに耳を傾けてくれる。そう感じることで、ポジティブな感情が生み出され、モチベーションは上がる。

それに加えて、胸の内に溜め込んだ思いを吐き出すことで、カタルシス効果が生じ、気分がスッキリする。これもモチベーションの向上につながっていく。

「押しつけるのでなく、引き出す。自分の中から引き出されることで、本人はコミットして本気で行うようになる。アドバイスするのでなく、本人の迷い、悩む思いに耳を傾ける。そうすることで、本人の中からどうしたいか、どうしなければならないかという答が引き出されてくる。ポイントは、潜在的な思いを刺激することだ。」

さらに、ナラティブ・コーチングでは、ストーリーの力を利用することになるが、ここでは割愛する。

関係性重視の日本的組織

日本能率協会が２０１４年度新入社員を対象に実施した会社や社会に対する意識調査の中に、「今の会社への入社を選択した理由」を問う項目がある。回答をみると、１位は「雰囲気がよい会社」、

2位が「自分が働きたい業種」、3位が「自分のやりたい仕事ができる職種」となっていた。
そこには、仕事を選ぶことも大事だが、何よりも重要なのは職場の雰囲気が良いことだという価値観がうかがえる。

統計数理研究所が5年ごとに実施している日本人の国民性調査に、「給料は多いが、レクリエーションのための運動会や旅行はしない会社」と「給料はいくらか少ないが、運動会や旅行をして家族的な雰囲気のある会社」のどちらがよいかという質問項目がある。欧米流に考えたら、当然前者の給料の良い会社を選ぶのがふつうだということになる。だが、最新の2013年の結果をみると、過半数の57%が後者の「給料はいくらか少ないが家族的な雰囲気のある会社」の方がよいと答えているのである。こうした傾向は以前から続いているが、2003年および2008年の53%からやや比率が上昇している。

最近の傾向をつかむために20代の傾向をみると、「給料はいくらか少ないが家族的な雰囲気のある会社」の方がよいという者の比率は、2003年35%、2008年45%、そして2013年48%と年々増えてきており、とうとう半数が給料は少なくても家族的な雰囲気のある会社の方を好むようになってきた。

会社で働いているとして、「上役と仕事以外のつき合いはなくてもよいと思うか、あったほうがよいと思うか」という質問項目をみても、「あった方がよい」という者の比率が過半数を占めるが、2003年55%、2008年58%、2013年65%とどんどん増えてきている。

最近の傾向をつかむために20代の傾向をみると、「あった方がよい」という者の比率が、

2003年55%、2008年には65%と大きく増加し、さらに2013年には72%にまで増加している。

また、「規則を曲げてまで無理な仕事をさせることはないが、仕事以外のことでは人の面倒を見ない課長」と「ときには規則を曲げて無理な仕事をさせることもあるが、仕事以外でも人の面倒見がよい課長」のどちらに仕えたいかという質問項目がある。これについてはほぼ毎回80%程度が後者のいわゆる「人情課長」に仕えたいと答えている。20代でも70%以上が後者を選んでおり、一貫して「人情課長」が圧倒的に好まれていることがわかる。

このように元々日本では職場の人間関係が重視されていたが、近年ますますその傾向が強まっているといえそうである。

期待することの効果

期待することの効果は、ピグマリオン効果という用語で広く知られているが、関係性という点でも上司が部下に期待することの効果は大きいと考えられる。

ピグマリオン効果とは、期待する方向に相手が変わっていくことを指す。元々は、ローゼンタールが小学校を舞台に行った実験で、「この生徒たちは知能が高いからこれからぐんぐん伸びるはず」と信じ込まされた教師たちの期待の視線を感じ、その生徒たちの成績が実際に他の生徒たちよりも伸びたことに対して、ピグマリオン効果と名づけたことに発する。ほんとうは知能テストに関係なく、ランダムサンプリングで選ばれた生徒たちであったにもかかわらず、知能が高いと信じ込まされた教師たちの期待ゆえに、ほんとうに伸びてしまったのである。

それをヒントにリビングストンは、ピグマリオン・マネジメントを唱えている。リビングストンは、マネジャーの期待が部下や部署のパフォーマンスに与える影響に関する事例により、つぎのような事実が明らかになってきたという。

・マネジャーが部下に何を期待し、またどのように扱うかによって、部下の業績と将来の昇進がほとんど決まってしまう

・優れたマネジャーの特徴とは、「高い業績を達成できる」という期待感を部下に抱かせる能力をもっていることである

・無能なマネジャーは、このような期待感を植えつけることができず、その結果、部下の生産性も向上しない

・部下は部下で、自分に期待されていると感じていることしかやらない傾向が強い

メトロポリタン生命のロッカウェイ支社長アルフレッド・オーバーランダーによって実施された実験では、営業職員の成績を調べて、最も優秀な営業職員を集めて、最も優秀なアシスタント・マネジャーのもとに配属した。彼らは、スーパー・スタッフと呼ばれた。平均的な営業職員は、平均的なアシスタント・マネジャーのもとに配属した。成績の悪い営業職員は、実力の劣るアシスタント・マネジャーのもとに配属した。

すると、スーパー・スタッフは予想以上の営業成績をあげた。だが、意外なことに、平均的なグループが期待以上の業績を上げたのであった。その平均的グループのアシスタント・マネジャーは、

自分たちがスーパー・スタッフに劣ると思いたくなかったのか、営業職員たちとの打ち合わせの際に、「このグループのメンバーはみんなスーパースタッフのメンバーよりも優れた潜在能力を持っているんだ。ただ保険営業の経験が不足しているだけなのだ」（リビングストン　DIAMOND ハーバード・ビジネス・レビュー編集部編・訳『ピグマリオン・マネジメント』ダイヤモンド社）と力説し、「スーパー・スタッフを打ち負かすことに挑戦してほしい」とハッパをかけた。

その結果、平均的なグループの労働生産性の増加率はスーパー・スタッフのそれを上回ったのだった。

バリューとホールは、AT&Tの現業部門で働く幹部候補生として採用されたマネジャー・クラスの社員49人の昇進のスピードについて5年間の追跡調査を行っている。その結果、初年度に会社から期待されたことと5年後の昇進との相関は0・72となり、両者の間に非常に強い関係があることがわかった。すなわち、その後の昇進スピードを左右する最も重要な要因は、当初の会社側による各人への期待度の大きさだったのである。

そこでバリューとホールは、つぎのように結論づけている。

「最初の一年間に何か重大なことが起こっている。（中略）この重大な一年目に、会社の高い期待に応えようとすることは、積極的な執務態度や高い目標水準を内面化することにつながる」

「増大する一方の期待に応えていくにつれて、会社への貢献度も高まっていく。カギは（中略）一年目が重要な学習期だという考え方であり、この時期を逃したら、新人社員を期待する方向に教育したり、あるいは変身させたりすることができない」（リビングストン　DIAMOND ハーバード・

ビジネス・レビュー編集部編・訳『ピグマリオン・マネジメント』ダイヤモンド社）

このように期待することの効果は、ビジネスの実践の場でも実証されている。ゆえに、モチベーション・マネジメントの観点としては、上司が部下に対して、期待の視線を投げかけ、期待していることが伝わるような声がけを心がけることが大切だといえる。会社側が新入社員に対して大いに期待していることが伝わるようなメッセージを投げかけることも、モチベーションの初期値を上げるという点で重要と言えるであろう。

ダメージ症候群

ピグマリオン効果の逆、すなわち教師に「できない生徒」と見放され、期待されない、すなわちネガティブな期待を向けられている生徒のモチベーションが上がらず、劣等生になっていくというのはよくあることである。同様に、上司から能力が低いとみなされ、全く期待されない部下のモチベーションが低く、パフォーマンスも上がらないということも実際にありがちである。

そこには、元々出来の悪さが見えたために期待しなくなるという側面と、期待されないために頑張らなくなるという側面の両面が働いていると思われる。

このような現象に焦点を当てているのがマンゾーニとバーソックである。

マンゾーニとバーソックは、そのような現象をダメージ症候群と名づけている。

「強い期待をかけられると、その期待に応えて人間は前向きに行動するという心理状態を、ピグマリオン効果というが、『ダメージ症候群』とは、まさしくその反対の心理状態をさしている。劣っているあるいは力不足と思い込まれた社員が、自分のマネジャーが低い期待しか抱かないと、その低さに応じた働きしかしない心理状態のこと」（マンゾーニとバーソック　DIAMOND ハーバード・ビジネス・レビュー編集部訳『ダメージ症候群：上司が部下の業績を決める』ダイヤモンド社）であるという。

この症候群は、部下の業績に対して平均以下ではないかという疑念を上司が抱き始めたときから動き出す。部下の能力に対する信頼が損なわれることで、上司は部下に割く時間と振り向ける注意を増やし、部下が判断を下す前に必ず承認を得るよう要求したりするようになる。

上司がこのような行動に出るのは、業績を損なわないためであり、部下のミスを未然に防ごうとするためであって、何の悪意もない。だが、部下としては、管理がきつくなったことを期待と信頼の喪失と受け止めやすい。そのため部下は自信を喪失し、自発的に動くことがなくなっていく。

そうした部下の状態を見て、上司はますます部下の能力に対する疑念を増し、管理をさらに強めようとする。それによって部下はますます意欲も希望も失っていく。

マンゾーニとバーソックは、ダメージ症候群を招く上司が気づかないでしていることとして、二通りの厳しい管理があるという。ひとつは、仕事上の自主性を部下から奪うことであり、もうひとつは、過小評価されていると部下に感じさせることで部下のやる気をくじくことである。それによって部下の業績を台無しにする結果となる。厳しい管理体制を敷くということは、厳密なガイドラインがないと仕事をきちんと遂行できない部下たちだと上司が考えていることを暗に伝えることになる。

（表－9）ダメージ症候群：危害を加えるつもりはないのに悪化の一途をたどる上下関係（マンゾーニとバーソック，1998）

1. ダメージ症候群がはじまる前、上司と部下は前向き、あるいは少なくとも中立の関係にある。

2. ダメージ症候群のきっかけは、部下が納期を守れない、顧客を失う、できの悪いレポートを提出するなど、しばしば、ささいなこと、目立たないことだったりする。ほかには、部下の業績と関係のない個人的、社会的な理由でその部下との間に距離を置く上司自身の姿勢だったりする。

3. きっかけとなる出来事に反応して、上司は部下の監督を強化し、仕事のやり方などにより長い時間をかけて議論する。

4. それに対して部下は、上司からの信頼の喪失を疑い、もはや上司の仲間集団の一員ではないことを感じとる。部下は、感情面で上司や仕事から距離を置きはじめる。また、上司の自分に対するイメージを変えようと努力することもあるが、極端なことをしたり、先走りしすぎたりして成果はあがらない。

5. 上司は、この問題（仕事をためこむ、極端に走る、あるいはためらうこと）を、部下の判断力・能力の不足と解釈する。もし部下の成績が良くても上司は、たまたま運が良かったとしか思わない。上司は、信頼しなくなったことや不満をますます隠さなくなって、部下の自由裁量を制限し、打ち解けた態度での接触を控えるようになる。

6. 部下は動きがとれず、能力が認められていないと感じ、ますます上司と仕事に対して消極的になる。部下は、やむをえず指示を無視したり、大っぴらに上司と口論したり、拒絶されていると感じるがために、ときには人に暴言をあびせたりする。一般的に部下は機械的に仕事をこなし、自己防衛により多くのエネルギーを注ぐ。さらに、すべての日常業務外の仕事についての判断を上司に仰ぐか、上司との接触を避ける。

7. 上司の不満はますますつのり、部下が厳しい管理のもとでなくては働けないのだと確信するにいたる。上司はこれを口に出して言い、態度にも表す。部下の自信はさらにくじけ、無気力を助長する。

8. ダメージ症候群が頂点に達し、上司は部下と仕事をする間中、部下にプレッシャーをかけ、管理する。さもなければ、上司は部下との接触を避け、部下に決まりきった仕事しか与えない。部下は落胆、不満あるいは怒りのため、心を閉ざすか、退職する。

多くの研究が、人が上司の期待の度合いに応じた働きをするものであり、また自分自身でかけている期待の度合いにも左右されるということを証明しているが、期待しないこと、ダメだと思うこと、つまりネガティブな期待も同様な効果をもつのである。

ダメージ症候群は、表－9のような流れで進行していく。

実力があると思う部下に対するときと、力不足と思う部下に対するときとでは、上司の行動が違っているものである。マンゾーニとバーソックは、そのような違いを表－10のように対比させている。

もし力を発揮してくれない部下がいると感じる場合、あるいはお荷物になっている部下に苦しめられているような場合は、うっかり部下に対してダメージを与えるような言動を取っていないか、チェックしてみる必要があるだろう。

モチベーション・マネジメントの観点からは、ピグマリオン効果の逆の現象も起こりうるのだということを肝に銘じて、ネガティブな期待を向けないように気をつけることが大切である。とくに有能な上司ほど、部下の能率の悪さや手際の悪さに苛立つことになりがちなので、注意が必要である。

（表－10）実力のあると思う部下と力不足と思う部下に対する上司の行動
（マンゾーニとバーソック，1998）

実力があると思う部下に対する上司の行動	力不足と思う部下に対する上司の行動
●プロジェクト遂行に的を絞って、プロジェクトの目標を議論する。部下に問題解決や目標達成に向けての独自なアプローチを選択する裁量を与える。	●職務と達成目標について議論する際に、命令口調となる。達成させるべきことは何かということ同様、どう対処すべきかについて、話は集中する。
●好ましくない意見の不一致、誤り、間違った判断を学習機会ととらえる。	●好ましくない意見の不一致、誤り、間違った判断に細心の注意を払う。
●「もし助けが必要なら、相談に乗ろう」といつでも話し相手になる用意をする。時折、個人的なことにまでおよぶおしゃべりをする。	●どうしても必要なときに限って、部下との話し合いの時間を持つ。部下との会話は、職務に関連したことが中心。
●部下の提案に耳を傾け、さらに興味をもって話し合いに応じる。	●仕事をいかにするか、どうやってするのかということについての、部下のコメントや提案にはほとんど興味がない。
●部下に興味が持て、意欲をそそるような幅広い仕事を担当させる。しばしば、部下自身に担当する仕事を選択させる。	●部下には決まりきった仕事しか担当させたがらない。部下に仕事を与えるとき、選択の余地をほとんど与えない。部下を厳しく監視する。
●組織の戦略、目標、方針、進行について部下に意見を求める。	●部下に組織上、あるいは職務関連上の事項について、めったに情報を与えようとしない
●意見の不一致をみたときに、部下の意見にしばしば譲歩する。	●意見の不一致をみたときに、ほとんど自分の見解をとおす。
●仕事の成果があがったことで部下を賞賛する。	●部下の業績があがらないことを強調する。

第10章

目標管理によって モチベーションを高める

産業界に広まる目標設定

成果主義の導入に伴い、必要性が増してきたのが目標の設定である。産業界ではよく目標による管理（ＭＢＯ）ということが言われてきたが、その根拠となっているのが目標設定理論である。

目標設定理論とは、目標を設定することがモチベーションやパフォーマンスにどんな影響を与えるか、そして目標設定の仕方によってモチベーションやパフォーマンスにどんな影響があるかについての理論である。

ロックとレイサムは、目標設定の効用として、次の点をあげている。

・生産性を高める
・仕事の質を高める
・何が期待されているかを明確化する
・退屈感を軽減する
・達成することで成果および仕事に対する満足感が高まる
・達成することで同僚や上司による承認が得られる
・フィードバックと承認が無意識の競争を誘発し、成果を押し上げる
・仕事への自信や誇りを強める

このように目標設定の効果についてはさまざまな利点が指摘されているが、本章では、実際に目標設定には効果があるのか、どのような目標設定が好ましいのかについて考えてみたい。

レイサムは、目標設定理論には、主に次の5つの論点があるとしている。

①フィードバックの役割について

②目標設定の意思決定に参加することの重要性について

③期待理論にもとづいた予測について

④制御理論にもとづいた予測について

⑤「ベストを尽くせ」と言われた人と、高い目標を設定した人との相対的な効果の違いについて

この中の①②⑤の諸点、つまり目標の具体性や困難度の影響、目標設定場面への参加の効果、フィードバックの効果について確認しておきたい。その後で、近年注目されている学習目標と遂行目標という観点についてみていきたい。

「最善を尽くすように」では伝わらない

どのような目標を設定するのがよいのかという点に関しては、具体性と困難度についての研究が盛んに行われてきた。その結果、具体的で困難な目標設定が好ましいということがわかっている。すなわち、具体的で困難な目標設定をした場合の方が、曖昧な目標設定をした場合や簡単な目標設定をした場合よりもパフォーマンスが良いという結果が得られている。

目標の困難度についてはつぎの項で改めて取り上げるので、ここでは目標の具体性についてみていくが、実際には両者が一体化した研究が多い。

たとえば、レイサムたちは、木材の伐採をする作業員たちを対象とした実験により、具体的で困

難な目標設定の効果を証明している。

レイサムたちは、人数とこれまでの生産性が同程度であり、伐採する場所の地形や機械化の水準も同程度の伐採グループを選び、2つのチームに分けた。

ひとつのチームには、伐採すべき木材の本数について具体的で困難な目標を与えた。

もうひとつのチームには、最善を尽くしてできるだけたくさん伐採するように伝えた。

どちらのチームにも給料は出来高制で支払われた。

両チームの成績を比べると、早くも一週間で顕著な差がみられるようになった。すなわち、具体的で困難な目標を設定したチームの方が、生産性でも出勤率でも最善を尽くすように言われたチームを有意に上回っていた。このような結果について、レイサムたちは、最善を尽くせというだけだと業績を評価する尺度がないため、評価も場当たり的になりやすく、その結果、これぐらいでいいだろうという受容可能な業績レベルが人によって大きく異なるのだろうとしている。どのくらい頑張ればよいのかがあいまいな状況だとついつい自分に甘くなってしまいがちということであろうか。

レイサムは、少なくとも8カ国の100種類以上の仕事に関して、合わせて4万人以上を対象にした大規模調査の結果、具体的で困難な目標の設定によって業績が向上することが明らかになったという。

このように具体的で困難な目標を設定するのが好ましいということに関しては、多くの研究がそれを支持する結果を報告している。

目標がはっきりつかめることで、どの程度努力すればよいか、どんな方法を取ればよいかを具体的に考えやすいということがある。それによって覚悟ができやすい。

最善を尽くせというような曖昧な目標の場合は、どのくらいやればよいかという具体的基準がないため、自分に甘い人物は安易な方に流されやすいという問題がある。

さらに、最善を尽くせというような具体性のない目標の場合は、評価者である上司と実行者である部下が想定する最善の水準にズレがあることも問題であろう。そのため、部下の側が「こんなに頑張ったのに、なぜ評価してくれないのだ」と不満に思う一方で、上司の側も「なんでもっと本気で頑張らないんだ」と不満を抱くといった事態が生じやすい。最善という目標が曖昧であるため、評価者・被評価者間の評価基準にズレがあることが不満を生じ、モチベーションに悪影響を及ぼしかねない。

一方では、具体的な目標というと数量化しやすいものになりがちで、仕事の質の低下、幅の狭まりを招く危険もあり、そのあたりの対策が必要となる。

さらには、曖昧な目標の方が効果的な場合もある。それについては後の方の項で説明することにする。

重要なのは目標の困難度

目標設定に際して重要なのは、困難な目標を与えることである。このことは多くの研究によって支持されている。

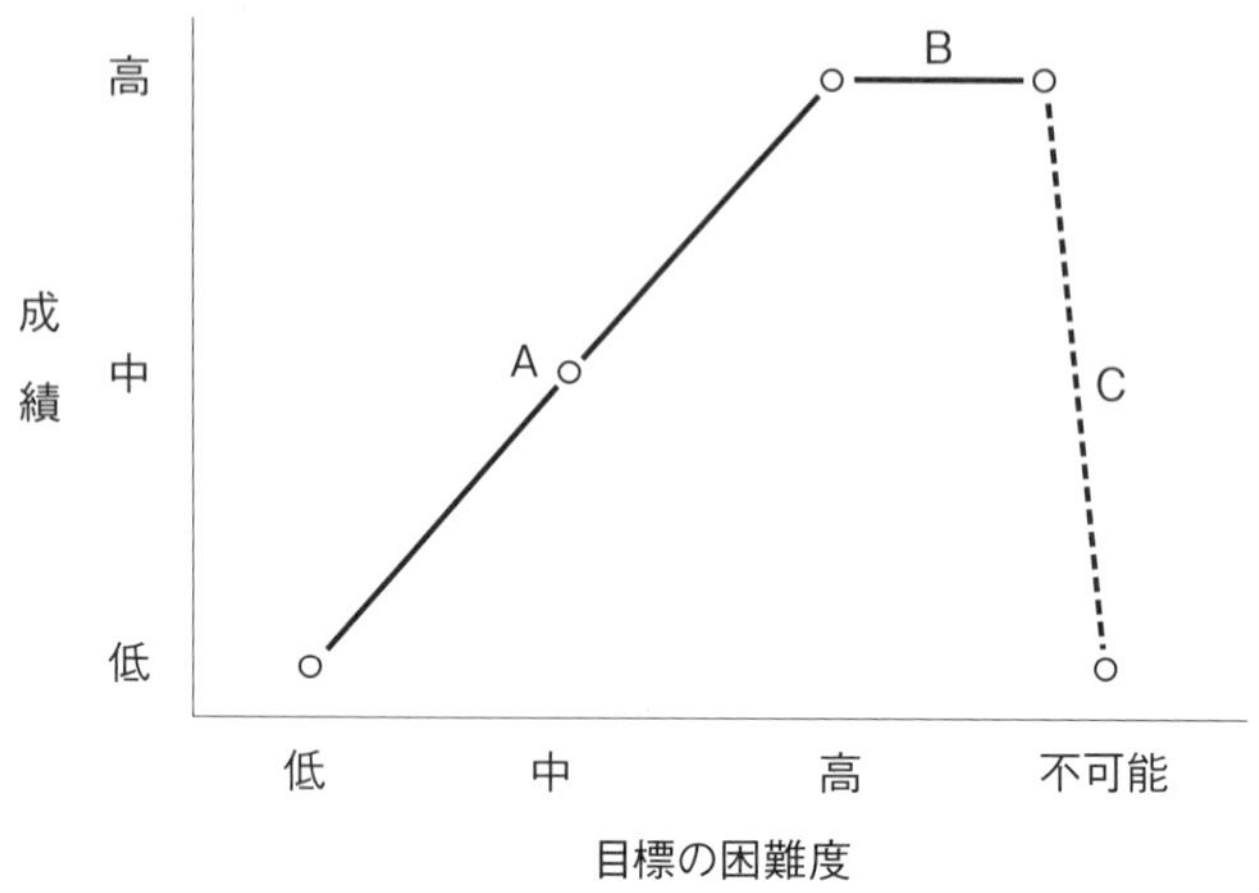

（図－15）目標の困難度と作業成績の関係（ロックとレイサム，1984）

元々マクレランドやアトキンソンによって、中程度に困難な仕事が誘因価が高く、モチベーションを高めるということが指摘されてきた。実際、中程度の困難度の課題を選択するというアトキンソン・モデルは、輪投げゲームなどによって証明されている。

ただし、輪投げゲームのように、その場ですぐに「これは無理だ」と確信できるようなものと、日々の仕事の目標のように長期のスパンで考えたとき無理な気がするけど何が起こるかわからないし確信とまではいかないものとでは、そこに働く心理メカニズムが異なっている可能性もある。

すなわち、仕事においては、中程度というよりもかなり困難な目標設定でも、モチベーションを高める効果があると考えることもできる。

レイサムは、困難な目標設定が高パフォーマンスにつながるとしてさまざまな事例を紹介し、目標設定への参加が大切だとか言われたりするが、そんなことはたいした問題ではなく、モチベーションにとって重要なのは目標の困難度であると明言する。

ロックとレイサムは、多くの研究結果を踏まえ、目標の困難度と作業成績の関係について、図－15のようなモデルを提示している。

この図のAの前後の斜線の部分は、目標が高くなるほど作業成績が向上していることを表している。これについて、ロックとレイサムは、つぎのように説明する。

高い目標は、低い目標よりも、高い成果を生み出す。なぜなら、人がある目標をいったん受容すれば、高い目標の方が一生懸命になるからである。高い目標のときの方が努力し、注意の低下が少ない。つまり、人々は、自分たちが立ち向かっている目標の困難度に比例して動機づけられていくのである。同じことの裏返しであるが、目標があまり挑戦のしがいのないものである場合には、成果は低下する。

ただし、あるところまでいくと、どんなに努力をしてもそれ以上成果が上がらないような、能力の限界点に到達する。それが図のBの地点である。そこに至ってなお目標に少しでも近づこうと努力しているかぎり、成果は低下していかない。もっとも、あまりに目標が高すぎて、いくら頑張っても到達が見えてこないといった状況では、努力するのを諦めてしまうことになりかねない。それが図のCの点線部分である。

ここから言えるのは、目標は高いほどモチベーションを高め、パフォーマンスを高めるし、能力の限界を超えていても、少しでも目標に近づければといった思いがある限り、最大限のモチベーションとパフォーマンスが期待できるということである。

最初から50を目指したら、50を超えるパフォーマンスは期待できないが、100を目指せば、目標到達はできなくても60とか70のパフォーマンスになることはあり得る。個人の能力の限界がはっきり予測できないというのが現実であるから、ある程度能力の限界を超えると思われる高すぎる目標を設定することが、モチベーションとパフォーマンスを最大限引き出すコツといえるであろう。

では、目標が能力の限界を超える場合、少しでも近づこうと粘り続けるのと諦めてしまうのとの分かれ目は何なのか。

そこには出来高制など評価・報酬の問題や自己効力感の個人差の問題が関係していると考えられる。

目標設定の方法

ロックとレイサムは、目標設定の鍵となる7つのステップを示している。

①課題の性質を明確化する（職務記述表を作成する）
②業績がどのように測定（評価）されるかを明確化する
③目標となる基準を成果の直接的測定値や行動観察尺度などによって量的に明確化する
④時間的な範囲を明確化する
⑤複数の目標がある場合は優先順位をつけ、その順位を共有する
⑥必要なときは各目標を重要度（優先度）および困難度によって数量化し、総合評価のために重要度と困難度と目標達成度を掛け合わせた積を足し算する

⑦目標達成に関する横の調整をする。課題が相互依存的である場合は集団目標を用いるが、その際には集団の成果に対する個人の貢献度を測定する方法を明確化する。

各項目をみるとなるほどと思えるが、これを実践する際には思わぬ落とし穴にはまる可能性があることに留意する必要がある。

たとえば、①のようにやるべき作業を職務記述表に並べあげるというのは、現実的には難しい。顧客応対などで思いがけない作業や応対が求められるようなことは無数にあり、そのすべてを想定し列挙するのは不可能である。それにもかかわらず職務記述表を基準に評価がなされるようなことになれば、記述されていない作業や応対への手抜きが横行し、日常の業務に支障をきたすか、評価に関係なく責任感で動く人物に報われない負担がかかることになりかねない。これでは部署全体のモチベーションの低下をもたらしてしまう。

②③のように成果を量的に図ろうとするのが時流になっており、数値目標ということがよく言われるが、営業・販売の制約数・販売量や金額のような数量化しやすい指標はよいとしても、行動のリストをチェックして得点化するような場合、リストにある行動を形式的に取り、それ以上の創意工夫はポイントにならないからしないといったことにもなりやすい。また行動観察尺度を用いるような場合は、その評価に主観が入りやすい。関係性の章で指摘したように、とくに日本では評価に関係性が影響しやすい。会議でも、意見や提案の内容よりも、それをだれが言ったか、だれが提案したかが重視されることが多い職場風土では、行動観察尺度のようなものには大いに関係性が絡むので信頼度は低くなりがちであり、とくに能力の高い人物のモチベーションに悪影響をもたらしや

すい。
目標は高い方がよいというのは周知のことである。だが、ときに期間中に目標を達成してしまうといったケースも起こってくる。思いがけず売れ行きが良くて無理と思われた目標数を達成したり、運良く大きな額の案件がうまくいって成約額で目標を大きく上回ってきたというときなど、どんなことになるだろうか。目標を達成するとそれ以上に頑張ろうとしなくなることを天井効果というが、そうした現象をもたらす2つの要因を知っておく必要がある。

第一に、これ以上頑張って今期あまり高い実績を残すと、次期にあまりに高い目標を課せられて苦しむことになると予想するということがある。実際、前年度に実績を出し過ぎたために次年度苦しむケースもみられる。これを防ぐ手だても考える必要があるだろう。

第二に、ノルマを達成したかしないかだけで評価がなされ、目標を上回った部分に対する評価（報酬）がないと、目標以上の成果を出すことに損失感が伴ってしまうこと。これについても、目標超過分に対する報酬を与えることを考える必要があるだろう。

目標設定は上司だけで行うのでなく、部下も目標設定の場に参加し、話し合って決めるのがよいとよく言われるが、レイサムたちによれば、参加設定型が高業績につながる証拠はない。あるいは、職場で自ら設定した目標の方が、与えられた目標や参加設定型の目標より高業績につながることを示す経験的証拠はみられない。このようにデータに基づいて言えば、目標設定は上から与えても、話し合いで決めても、どちらでもよいということになる。

ただし、その目標は十分にチャレンジしがいのある目標でなければならないし、「よし、頑張ろう」

信頼関係があることが前提となる。

と受け入れられる目標でなければならない。そのためにも、目標の与え手や評価者と受け手の間に

目標の階層構造

目標は困難な方がやりがいがありモチベーションを刺激するとか、高パフォーマンスを引き出すとか言われるが、あまりに遠大な目標を設定しても、なかなか到達できる気がしてこない。それでは自己効力感が高まらない。

やればできそうだと自己効力感を高める方法として、目標を階層構造に細分化するというやり方がある。段階的な目標を設定し、一段一段階段を上るようなイメージである。はじめから100段もあると上れそうな気になれなくても、まずは目の前の一段を上ることを意識すれば、できそうな気がしてくる。それが自己効力感につながって、目標達成行動を後押しする。

ストックとサーボンは、大きな目標を細分化し、各段階ごとに下位目標を設定することの効用を指摘している。遠い目標の達成のために、その手前の近い目標を設定する人は、遠い目標しか設定しない人よりも、自己効力感が高くなる。まずは一歩でも前進することが重要なので、できそうな気がする近い目標をもつことが行動の推進力となる。そして、近い目標を達成することで、ますます自己効力感が高まり、つぎの目標に向かって行動する推進力が得られる。

成人病を防ぎたいという目標を漠然と意識している人は、時々何とかしなければと思うことはあっても、すぐにやれそうな行動目標が浮かばないため、現実には目標達成行動をほとんど取れない

ままになりがちである。それに対して、目標を細分化している人は、まずは毎日1時間くらい歩くようにしよう、年に一回健康診断を受けようというような近い目標を意識できるため、目標達成に向けて着実な一歩を進めていきやすい。

このような意味でも、仕事上の目標も大きな漠然とした目標だけでなく、そこに至るまでをいくつかのステップに分けて、まずはできそうな近い目標を意識するのがモチベーションを上げるためのコツといえる。

フィードバックの効果

フィードバックがモチベーションに大いに影響するというのはよく指摘されることだが、年功式の賃金体系から脱却しつつある今日、目標達成度の評価が報酬に直結するということであれば、当然フィードバックへの関心は強いはずである。

目標設定への参加の効果には否定的なレイサムも、結果のフィードバックの効果は認め、その重要性を説いている。レイサムによれば、行為理論を構築したフレーゼとツァップも、目標設定の重要性を強調し、仕事は個人の可能性を広げるべきであり、目標設定、情報探索、計画、フィードバックといった一連の行為のあらゆる面を利用しなければならないとしているという。

フィードバックが顕著な効果を示したものとして、ロックとレイサムは、出勤率の低下に悩む職場で、出勤率の目標を設定し、毎日の結果を職場内に表示するようにしたら、それ以外に特別な報償や罰を用いなくても出勤率が大幅に改善したという事例をあげている。この事例では、フィード

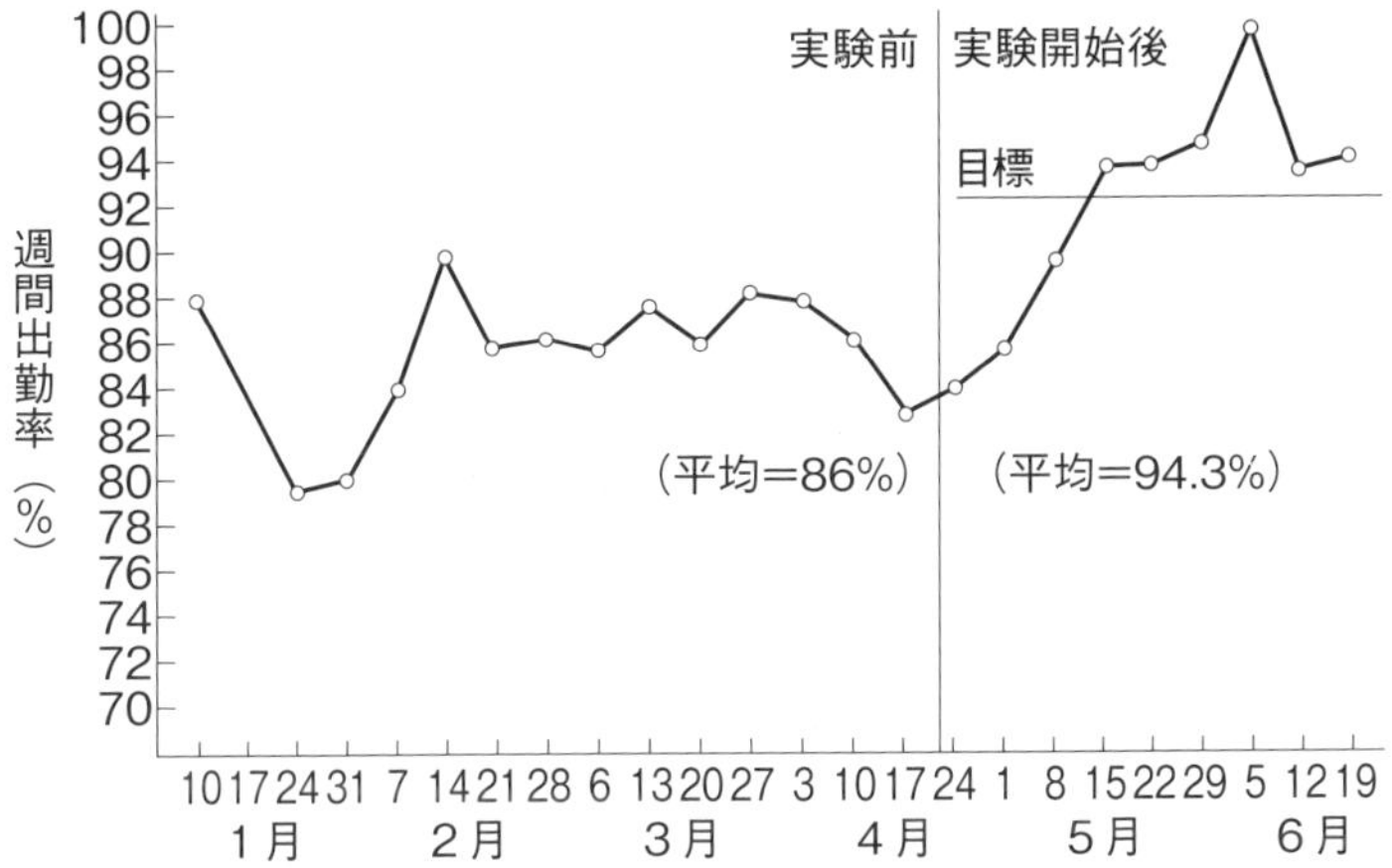

（図－16）フィードバックによる出勤率の向上（ロックとレイサム，1984）

バックによって、従業員間のチームワークも仕事への熱心さも格段に改良され、作業の効率化や離職率の低下にもつながったという。フィードバックがモチベーションを促進することの証拠といえる。

フィードバックは、成績の良くない人物にとくに有効であるとも言われている。

目標設定と評価の問題

目標を達成したかどうかの結果を重視すると、目標を低く抑えたい心理が働き、目標によって業績が引き上げられる効果が十分機能しにくくなる。みんなが目標を達成しているのに部署としての成果が上がらないというようなケースでは、目標未達成を怖れてだれもが低い目標を設定している可能性もある。そうしたくなる心理もわかるであろう。

これは目標設定に本人が参加することのデメリットとも言える。レイサムが言うように、目標設定に本人が参加するかどうかがモチベーションに関係しないの

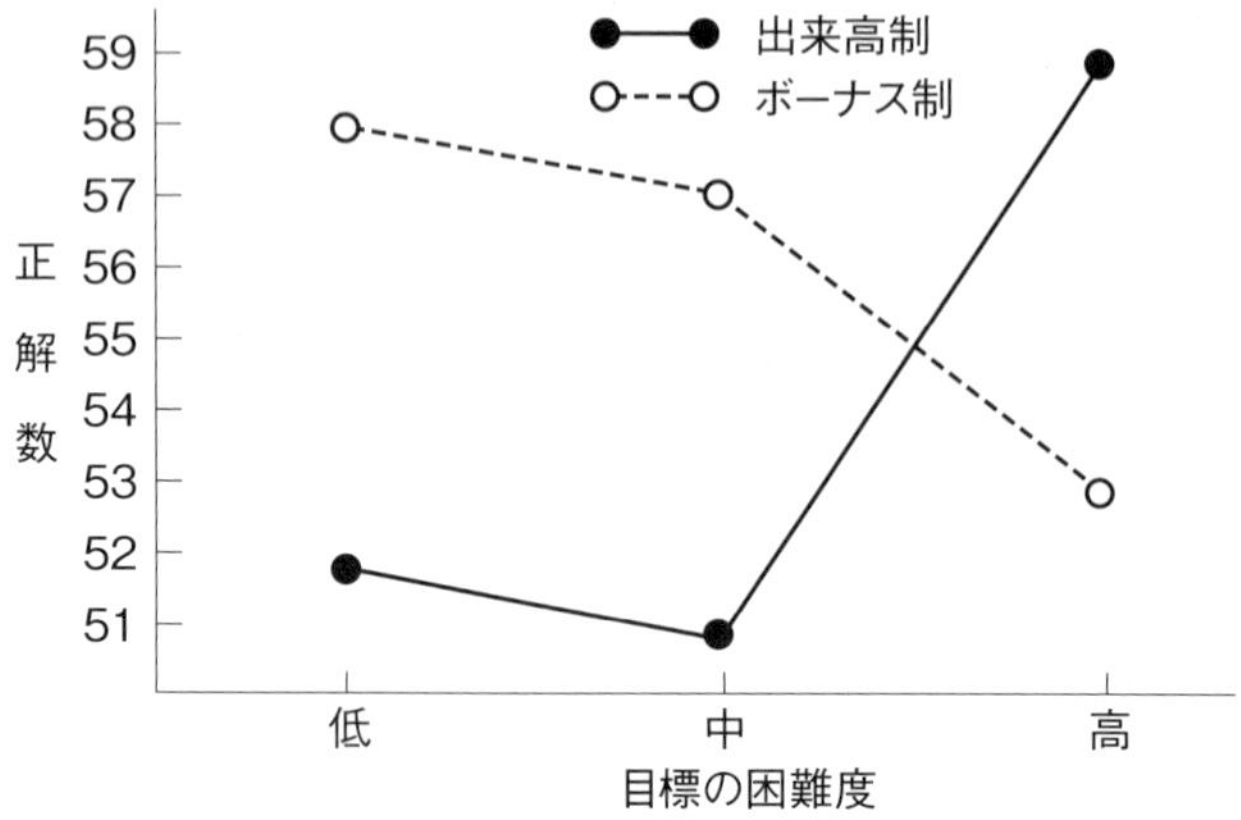

（図－17）異なる報酬制度下での目標の難しさと成績の関係
（モーウェン 他，1981；南 他，1993より）

であれば、本人の関与なしに目標を与える方がよいということになる。

あるいは、そのような心理効果を防ぐために、結果がすべてということでなく、プロセスを評価するようにと言われたりもするが、プロセスの評価は非常に困難をきわめる。場合によっては、努力の跡をわざわざ残そうとする人物だけが報われることにもなりかねない。何かを試みたという成果を示すために、無意味に制度を変えるということも横行している。

出来高制によってそのような心理効果を防ぐという方法もある。モーウェンたちは、成果に応じて報酬が与えられる（出来高制）条件の下では高い目標が与えられたときに最も成績が良かったが、目標達成時のみ報酬が与えられる（ボーナス制）条件下では目標が高くなると成績は逆に低下することを明らかにしている。

どうせ目標達成は無理だと思った瞬間に、すべての努力を放棄してしまうというわけである。これが、もし目標に到達していなくても、成果に応じた報酬があるのであれば、できるだけ成果を伸ばしたいと頑張るであろう。

また、モチベーションの観点から業績評価の方法を考えると、学校における教育評価の場合と同様に、相対評価よりも個人内評価の視点が重要と考えられる。

ロックとレイサムが目標設定により競争意識が刺激されることが成果を押し上げるというように、目標に向けて突き進む時点では競争意識がモチベーションを高めると考えられるが、評価対象時期の終わりの評価時点では、平均以下のパフォーマンスであった人物に対しては、競争的な相対評価はモチベーションを引き下げる効果をもつことになりやすい。

相対評価というのは、他の人たちとの比較に基づく評価である。この場合、いくら頑張って成果を上げても、それより頑張ってもっと成果を上げた者や元々能力が高く成果を上げている者がいれば、評価は上がらない、場合によっては下がることさえあり得る。それではモチベーションは上がらない。

それに対して、個人内評価は、本人の過去の実績との比較に基づく評価である。他の人がどんな成果を上げたかに関係なく、頑張って前期より成果を上げた分だけ評価が上がる。それによって自分の成長が実感でき、モチベーションが上がる。

組織全体の業績の底上げを考えたとき、相対的評価によってとくに優秀な人物に報いることは欠かせないが、平均以下の成績の人物のモチベーションを低下させないためにも個人内評価を併用する視点も必要であろう。

目標による管理（MBO）のプロセス

目標による管理とは、目標を設定することによるマネジメントのことであり、マグレガーのY理論に基づくマネジメント法である。そして、ロックとレイサムの目標設定理論は、そのマネジメント法の有効性を実証し、裏づけを与えるものとなった。

目標による管理は、日本でも広く取り入れられてきており、上司と部下が話し合いながら目標を設定し、その期の終わりにやはり上司と部下の話し合いの場で振り返りをするという形を取る企業も増えつつある。

レビンソンは、理想的な目標による管理のプロセスは、次の5段階を経ることになるという。

①部下が自分自身の職務内容について、上司と個別にディスカッションする
②社員の短期的な業績目標を設定する
③上司とミーティングを行い、社員が目標に向けてどのくらい前進したかを話し合う
④その前進の度合いを測定するチェックポイントを設定する
⑤所定の期間の最後に上司と部下がディスカッションし、部下の努力の成果を評価する

このようにして行われる目標による管理だが、現実には多くの問題が生じている。レビンソンは、次のような問題を指摘する。

・いかに詳細に職務を規定しても、柔軟性がなく、結局のところ項目の羅列でしかない
　社員が昇進し、新たな業務をあれこれ任されるようになると、目標を特定化するのがますま

す困難になる。

・あらかじめ設定しておいた目標や職務内容では、そこには記されていない、個人の裁量に委ねられる領域をほとんど勘案できない

自発的かつ創造的な活動の妨げとなる。

・ほとんどの職務記述書は、社員がやるべき業務を限定する

社員間の相互依存性がきちんと考慮されない。

・他人の価値を判断するという役割を上司が好まない

部下を評価するという非人間的な行為に対する上司の側の抵抗もある。

レビンソンは、客観性や定量化は逆効果に終わるとし、あらゆる評価や目標設定に主観的な要素が強く入ってくることは不可避であるという。これは、とくに関係性が重視される日本では、欧米以上に深刻な問題といえる。いくら評価項目を並べても、それぞれの項目がどの程度達成されているかを評価するときに、関係性の要因の混入が避けられないのが現状である。

もうひとつの問題として、レビンソンは、測定や定量化に重点が置かれるようになると、仕事の中であいまいで測定不能な要素が犠牲にされやすいことをあげている。したがって、業績の質を問う部分は定量化によってこぼれ落ちやすい。たとえば、目標による管理の導入により、「それは私の目標ではありません」という言葉が返ってくるようになったことが指摘されている。また、「顧客サービスを改善する」といった測定不可能な目標はダメだということになって、顧客一人あたりの対応時間や顧客からの電話の処理件数といった数的目標を立てたとしても、それでサービスの質

が向上したかどうかは測れない。

レビンソンは、結局のところ評価対象も人間であるという視点がまったく欠けていると指摘する。目標による管理をする際には、まずは社員の個人的な目標から出発すべきであるという。
・自分の人生において何をしたいのか
・何を目指したいのか
・どうすれば自分自身に納得できるのか
・二度と取り返せない年月を過ごした後に、どのような過去を振り返りたいと思っているのか
このような点について考えるべきだという。ともすると企業の側の論理だけで管理しようとしがちであるが、部下が自分自身の欲求を満たすために働いているのだということを配慮すべきだというのであろう。

では、具体的にどのようにしたらよいのだろうか。バークとウィルコックスは、業績評価の面接に参加する頻度が高まれば高まるほど、部下はつぎのようなことを感じる可能性が高まるという調査結果を報告している。
・上司は親切で建設的である
・業務上、今抱えている問題の一部が解消された
・理にかなった目標が設定された
レビンソンは、目標による管理の実効性を高めるための3条件として、次の3つをあげている。
①モチベーションについて検証する

②グループを単位とする
③評価者を評価する

目標による管理の歴史は長いとはいうものの、その実効性を上げるための方法については未だ試行錯誤の段階と言わざるを得ない。

曖昧な目標の方が効果的なこともある

困難で具体的な目標を設定するのがモチベーションおよびパフォーマンスの向上にとって有効であるというのが共通認識となっているが、ときに曖昧な目標の方が効果的なこともある。レイサムによれば、1990年頃からそのことを実証する研究結果が相次いで報告されている。

カンファーとアッカーマンは、知識または能力がない場合に、具体的で困難な目標を設定すると、業績に有害な効果を及ぼす可能性があることを発見した。能力がまだ備わっていない人たちで航空管制のシミュレーションを行った結果、「最善を尽くせ」と激励する方が、具体的で困難な業績目標を設定するより高業績が出たのである。学習中の人にとっては、具体的で困難な目標は、いろいろなところに注意を向けざるをえなくなり、パフォーマンスの低下をもたらすというのである。

モーンとシャリーも同様の結果を報告している。すなわち、参加者にとって込み入った課題である場合には、「最善を尽くせ」と激励する方が効果が高かった。さらに3日にわたって試行を繰り返すと、予想に反して、具体的で困難な目標が設定されている場合には、適切な知識が習得されなかった。業績について具体的で困難な目標を設定したことで、有効な戦略を見つけにくくなり、戦略を頻繁に変えていた。戦略を探るばかりで、なかなか先に進めなくなったようであった。「最善を尽くせ」という目標をもった場合の方が、有効な戦略を見つけやすく、具体的な目標に振り回されてさまざまな方法を必死で試す必要がなかった。

ストーとベトガーは、2つの実験室実験で得た発見をもとに、具体的な結果としての業績を目標に設定することは、適切に指導できる知識がリーダーに欠けている場合、組織に害をもたらす怖れがあると結論づけている。そのような場合は「最善を尽くせ」といった曖昧な言葉で目標を表現する方が望ましいとしている。そのほうが目標が非常に具体的で間違っている場合より、課題に精通している部下が目標について質問したり、その結果として課題を見直したりすることが容易になるという。

こうしてみると、熟練した仕事であれば、具体的で困難な目標設定が効果的であるが、本人が熟練していない場合や指導者に適切に指導できる能力が欠けている場合には、最善を尽くすようにというような曖昧な目標設定の方が弊害は少ないということのようである。

また、ロックたちは、第8章で紹介したバーたちの自動動機の手法を用いて、「完成させる」「成し遂げる」「格闘」「勝利」「成功」「努力」などのモチベーションを刺激する言葉を探させた場合と、とくにモチベーションと関係しない言葉を探させた場合で、その後の課題のパフォーマンスを比較している。その結果、困難な目標を与えたときや「最善を尽くせ」という曖昧な目標を与えたときは、モチベーションを刺激する言葉を探す課題によって無意識のうちにモチベーションが高まり、パフォーマンスが高まることが示された。容易な目標を与えられたときは、そのような自動動機の影響はみられなかった。

ここからも、習熟している作業で困難な目標を設定する際も、慣れない作業で「最善を尽くせ」といった曖昧な目標を設定する際にも、自動動機が有効なので、モチベーションを刺激するような言葉を作業環境に散りばめておくことが効果的といえそうである。

学習目標と業績目標

目標をもっているとひとくちに言っても、人によってその性質はかなり異なっている。

たとえば、同じく日本の戦国時代の歴史について学ぶにしても、「日本の戦国時代の歴史についてもっと理解したい」という目標をもつ場合と、「日本史の試験で良い成績を取りたい」という目標をもつ場合では、学ぶことに対する姿勢がずいぶん違う感じがする。

仕事でも、営業部門の人物が、「商品知識や営業スキルを勉強して営業能力を高めたい」という目標をもつ場合と、「どんどん商品を売って営業成績を高めたい」という目標をもつ場合とでは、仕事のモチベーションの方向がずいぶん違う感じがする。

そこで参考になるのは、ドゥウェックの達成目標理論である。

ドゥウェックは、達成目標には学習目標と業績目標の2種類があるとする。

学習目標とは、何か新しいことを理解したり習得したりできるように自分の能力を高めようという目標のことである。

一方、業績目標とは、自分の能力を肯定的に評価されたい、あるいは否定的な評価を免れたいという目標のことである。

いわば、学習目標をもつタイプは、自分の能力向上や成長を求め、業績目標をもつタイプは自分の能力の評価にこだわるといえる。

たとえば、新たな部署に配属された場合、学習目標をもつタイプは、その部署で必要な知識やスキルを獲得して能力を高めたいと思い、あらゆることに積極的にチャレンジして学ぼうとする。能力を高めたい、成長したいという思いが強ければ、新たな仕事でも慣れない局面でも、「これも勉強だ」「成長するチャンスだ」と思って積極的にチャレンジできるのである。

それに対して、業績目標をもつタイプは、その部署で能力を評価されたい、できないヤツとみられたくないと思うため、できそうなことには積極的でも、うまくできないかもしれないことには躊躇しがちとなる。人から有能とみられたい、無能とみなされたくないといった思いが強いため、新たな仕事や慣れない局面では、「何とかうまくやらないと」「みっともない姿をさらすわけにはいかない」といった思いが強いため、ときに消極的になってしまう。

ゆえに、どちらの目標をもつタイプかによって、失敗に対する反応が大きく異なってくる。能力の向上を求める学習目標をもつタイプは、失敗すると、熟達を目指す挑戦的な反応を示す。一方、能力への肯定的な評価を求め否定的な評価を避けようという業績目標をもつタイプは、自分の能力に自信があるかどうかで反応が違ってくる。自分の能力に自信がない場合は、失敗すると無力感に浸り、挑戦を避けようとするが、自分の能力に自信がある場合は、失敗すると熟達を目指す反応を示す。

学習目標の有効性

ドゥウェックは、学習目標をもつか業績目標をもつかは、本人が無意識のうちに抱いている知能観によって決まるという。知能を固定的なものとみなしている場合は、自分の能力を肯定的に評価されたいという業績目標をもちやすい。一方、知能というのは鍛えることで向上するとみなしている場合は、自分の能力をもっと向上させたいという学習目標をもちやすい。

ドゥウェックは、一連の研究をもとに、図–18のようなモデルを提起している。

まず無意識のうちにどんな知能観をもっているかによって、学習目標をもつか業績目標をもつかに分かれる。知能固定観、つまり、知能というのは固定的で変わらないと信じている人は、業績目標をもちやすい。知能は努力では変えられないと信じているために、能力向上を目ざすよりも、能力を高く評価されることを求めるのである。一方、知能漸増観、つまり知能は鍛えることで向上すると信じている人は、学習目標をもちやすい。知能は努力によって向上させられると信じているために、現時点でどう評価されるかにこだわるよりも、能力を向上させることを求めるのである。

業績目標をもつ場合は、能力に自信があれば、熟達志向の行動が取れる。つまり、困難な事態でもチャレンジできるし、粘り続けられる。ただし、図の中には記されていないが、自分の有能さを傷つけないようにせっかくの学習の機会を敬遠することもある。能力に自信がない場合は、困難な事態では無力感に陥りやすく、すぐに諦める。失敗を怖れて易しい課題を選んだり、逆に失敗してもダメージにならないようなだれもできそうにない難しい課題を選んだりする。つまり、自信の有

知能観	目標志向性	現在の自分の能力に対する自信	行動パターン
実体理論（知能は固定的） →	業務目標（目標は能力への肯定的評価の獲得。あるいは否定的評価の回避）	高い →	熟達志向 チャレンジし粘る
		低い →	無力感 チャレンジを避け粘れない
漸増理論（知能は鍛えられる） →	学習目標（目標は能力向上）	高くても 低くても →	熟達志向 チャレンジし粘る

（図－18）知能観と達成目標と行動パターン（ドゥウェック，1986）

無に関係なく、業績目標をもつことは防衛的な行動につながりやすいといえる。

学習目標をもつ場合は、能力に自信があってもなくても、熟達志向の行動が取れる。つまり、困難な事態でも、それを学習の機会ととらえて、失敗を怖れずに積極的にチャレンジし、粘り続けることができる。たとえ能力に自信がないときでさえ、学習の機会ととらえて積極的にチャレンジできるというところがポイントである。

レイサムも、多くの研究が学習目標の有効性を示しているとして、サイツたちの研究を紹介している。

サイツたちは、アメリカの携帯電話産業の職務場面のシミュレーションを用いた実験において、具体的で困難な学習目標の設定が、具体的で困難な業績目標や「最善を尽くせ」型の曖昧な目標より、高業績につながることを発見している。

レイサムは、多くの研究は、課題が複雑な場合には学習目標が有効であることを示しているが、それは学習目標の場合は、問題解決戦略の追求に注意を集中でき、適切なフィードバックを求める行動が促され、長期的な学習目標の達成に関する自己効力感が高まるからだという。

こうしてみると、モチベーション・マネジメントの観点からすれば、業績目標でなく学習目標をもつように促すことが大切であるといえる。失敗したときや苦しい状況に置かれたときも、周囲からの評価を気にする業績目標タイプと違って、学習目標タイプは、そこからも何か学ぼうという意欲をもって粘り続けることができる。

そして、学習目標を促進するためには、課題を与える際に結果よりも熟達を意識させるような与え方をするように留意する必要がある。また、周囲からの評価を気にして結果にこだわるタイプには、無意識のうちにもっている知能固定観を知能漸増観に変えさせていくような教育的働きかけが必要ということになる。

接近・回避と達成目標

エリオットたちは、古典的な達成動機研究では目標への接近傾向と回避傾向の両面からとらえようとしていたのに対して、近年の達成目標理論では接近傾向のみが扱われていることに疑問を呈し、業績目標を接近—回避の軸で分類することを提案した。

つまり、達成目標を学習目標と業績目標に分けるだけでなく、後者をさらに業績接近目標と業績回避目標に分けようというのである。すなわち、同じく業績目標でも、ポジティブな評価を得たいという動機が強いのが業績接近目標であり、ネガティブな評価を避けたいという動機が強いのが業績回避目標ということになる。

接近傾向は成功期待、回避傾向は失敗懸念と関係していると考えられるが、さまざまな研究の結果、熟達目標や業績接近目標をもつタイプは成功期待が強く、業績回避目標をもつタイプは失敗懸念が強いといえそうである。

後者の場合、自分の価値が傷つくのを守るため、あえて努力を差し控える傾向も指摘されている。無能さを露呈させないためには、失敗を避けることが必要であり、そこであえて努力しないという戦略が使われる。「本気を出してないだけ」ということで自己防衛を図るのである。

また、各達成目標と内発的動機づけとの関連をみると、とくに業績回避目標が課題を楽しいと思わないなど内発的動機づけと負の関係があることが報告されている。

こうしてみると、熟達を意識させるような学習目標を与える工夫が必要であると同時に、失敗懸念が強く、失敗を避けたい、自分の無能さをさらけ出したくないといった思いが強いタイプには、目標以前に自己効力感を高めるような教育的働きかけが必要と言える。それに関しては、第8章を参照されたい。

おわりに

モチベーションという言葉がビジネスの場で盛んに使われているわりには、私たちのモチベーションが上がったり下がったりする心理メカニズムについてあまり知らない人が多いような気がする。

ビジネス現場に浸透しているモチベーションやモチベーション・マネジメントについての解説をみても、あまりに古い知識しか取り上げられていなかったり、特定の非常に偏った視点しか取り上げられていなかったりする。これではモチベーションを上げるための戦略について的確な判断をするのは難しい。

組織のみんなのモチベーションを高めたいという場合も、とくに気になる人物のモチベーションを高めたいという場合も、自分自身のモチベーションを高めたいという場合も、モチベーションが上がらないのはなぜか、どうしたらモチベーションが上がるかといった点について、さまざまな視点から検討してみる必要がある。

だれに対しても、どんな状況に対しても、同じように効果を発揮する万能薬的な方法があるわけではない。このケースではどこに問題があるのか、この場合はどうしたらよいのかと、具体的状況に合わせた検討が必要となる。そのためにはモチベーションあるいはモチベーション・マネジメントについて体系的に学び、基本的知識を身につけておくのが便利である。

効果的なモチベーション・マネジメントを工夫するためのヒントを散りばめた本書が、組織のマネジメントにも自分自身のマネジメントにも役立つことを願っている。

最後に、本書をまとめることを薦めてくれた産業能率大学出版部編集部坂本清隆氏に感謝の意を表したい。

2015年3月

榎本博明

参考文献

アマビール,T. M.,・クラマー ,S. J. (2007).　DIAMONDハーバード・ビジネス・レビュー編集部（訳）(2009)　知的労働者のモチベーション心理学【新版】動機づける力—モチベーションの理論と実践 ダイヤモンド社所収, pp.63-99.

Ames, C., & Archer, J. (1988). Achievement goals in the classroom: Student's learning strategies and motivation processes. *Journal of Educatioal Psychology,* 80(3), 260-267.

アージリス, C. (1998). DIAMONDハーバード・ビジネス・レビュー編集部（訳）(2007). エンパワーメント：マネジャーが抱く幻想と矛盾　コミットメント—熱意とモラールの経営 ダイヤモンド社所収, pp.179-207.

東　洋 (1994). 日本人のしつけと教育—発達の日米比較にもとづいて— 東京大学出版会.

Baard, P. P., Deci, E. L., & Ryan, R. M. (2004). Intrinsic need satisfaction : A motivational basis of performance and well-being in two work settimgs Journal of Applied Social Psychology, 34(10), 2045-2068.

Bandura, A. (1977). Self-efficacy : Toward a unifying theory of behavioral change. Psychological Review, 84(2), 191-215.

Bandura, A. (1982). Self-efficacy mechanism in human agency. American Psychologist, 37(2), 122-147.

Bandura, A. (1993). Perceived self-efficacy in cognitive development and functioning. Educational Psychologist, 28(2), 117-148.

バンデューラ, A. (1995). 本明　寛・野口京子・春木　豊・山本多喜司（訳）(1997). 激動社会の中の自己効力 金子書房.

Bargh, J. A., Chen, M., & Burrows, L. (1996). Automaticity of social behavior: Direct effects of trait construct and stereotype activation on action. *Journal of Personality and Social Psychology,* 71(2), 230-244.

Bargh, J. A., Gollwizer, P. M., Lee-Chai, A., Barndollar, K., & Trötschel, R. (2001). The automated will: Nonconscious activation and pursuit of behavioral goals. *Journal of Personality and Social Psychology,* 81(6), 1014-1027.

Bargh, J.A., & Williams, E.L. (2006). The automaticity of social life. Current Directions in Psychological Science, 15(1), 1-4.

Baumeister, R. F., Hutton, D. G., & Cairns, K. J. (1990). Negative effects of praise on skilled performance. *Basic and Applied Social Psychology,* 11(2), 131-148.

Cantor, N., & Norem, J. K. (1989). Defensive pessimism and stress and coping. *Social Cognition,* 7(2), 92-112.

Carver, C.S.(2004). Negative affects deriving from the behavioral approach system. *Emotion,* 4(1), 3-22.

Carver, C. S. & Scheier, M. F. (1990). Principles of self-regulation: Action and emotion. In E. T. Higgins & R. M. Sorrentino (Eds.), *Handbook of motivation and cognition: Foundations of social behavior.* Vol. 2. New York: Guilford Press.

Crandall, V. C., Katkovsky, W., & Crandall, V. J. (1965). Children's beliefs in their own control of reinforcements in intellectual-academic achievement situations. *Child Development,* 36, 91-109.

de Charms, R. (1968). Personal causation. New York: Academic Press.

Deci, E. L. (1971). Effects of externally mediated rewards on intrinsic motivation. *Journal of Personality and Social Psychology,* 18(1), 105-115.

デジ, E. L. (1975). 安藤延男・石田梅雄（訳）(1980). 内発的動機づけ─実験社会心理学的アプローチ　誠信書房.

デシ, E. L. (1980). 石田梅男（訳）(1985). 自己決定の心理学─内発的動機づけの鍵概念をめぐって　誠信書房.

Deci, E. L., & Ryan, R. M. (1985). The general causality orientations scale: Self-determination in personality. *Journal of Research in Personality,* 19, 109-134.

Deci, E. L. & Koestner, R. (1999). A meta-analytic review of experiments examining the effects of extrinsic rewards on intrinsic motivation. *Psychological Bulletin,* 125(6), 627-668.

Delin, C. R., & Baumeister, R. F. (1994). Praise: More than just social reinforcement. *Journal for the Theory of Social Behavior,* 24(3), 219-241.

Dweck, C. S. (1975). The role of expectations and attributions in the alleviation of learned helplessness. *Journal of Personality and Social Psychology.* 31(4), 674-685.

Dweck, C. S. (1986). Motivation processes affecting learning. *American Psychologist,* 41(10), 1040-1048.

Dweck, C. S., & Reppucci, N. D. (1973). Learned helplessness and reinforcement responsibility in children. *Journal of Personality and Social Psychology,* 25(1), 109-116.

Dweck, C. S., & Leggett, E. L. (1988). A social-cognitive approach to motivation and personality. *Psychological Review,* 95(2), 256-273.

Elliot, A. J. (1999). Approach and avoidance motivation and achievement goals. *Educational Psychology,* 34(3), 169-189.

Elliot, A. J., & Harackiewicz, J. M. (1996). Approach and avoidance achievement goal and intrinsic motivation: A mediational analysis. *Journal of Personality and Social Psychology,* 70(3), 461-475.

Elliot, A. J., & Church, M. A. (1997). A hierarchical model of approach and avoidance achievement motivation. *Journal of Personality and Social Psychology,* 72(1), 218-232.

Elliot, A. J., & McGregor, H. A. (1999). Test anxiety and the hierarchical model of approach and avoidance achievement motivation. *Journal of Personality and Social Psychology,* 76(4), 628-644.

Elliot, A. J., & Church, M. A. (2003). A motivational analysis of defensive pessimism and self-handicapping. *Journal of Personality,* 71(3), 369-396.

Elliot, E. S., & Dweck, C. S. (1988). Goals: An approach to motivation and achievement. *Journal of Personality and Social Psychology,* 54(1), 5-12.

榎本博明 (1999). ＜私＞の心理学的探求 物語としての自己の視点から 有斐閣選書.

榎本博明 (2002). ＜ほんとうの自分＞のつくり方―自己物語の心理学　講談社現代新書.

榎本博明 (2003). はじめてふれる心理学[第２版] サイエンス社.

榎本博明 (2011). ビジネス教養としての心理学入門　日本経済新聞出版社.

榎本博明 (2012).「すみません」の国　日経プレミアシリーズ.

榎本博明 (2013). お子様上司の時代　日経プレミアシリーズ.

榎本博明 (2014). ディベートが苦手、だから日本人はすごい　朝日新書.

Glucksberg, S. (1962). The influence of strength of drive on functional fixedness and perceptual recognition. *Journal of Experimental Psychology,* 63(1), 36-41.

Greene, D. & Lepper, M. R. (1974). Effects of extrinsic rewards on children's subsequent intrinsic interest. *Child Development,* 45, 1141-1145.

Gneezy, U., & Rustichini, A. (2000). A fine is a price. *Journal of Legal Studies,* XXIX , 1-17.

Hackman, J. R., & Oldham, G. R. (1975). Development of the job diagnostic survey. *Journal of Applied Psychology,* 60(2), 159-170.

速水敏彦 (2012). 感情的動機づけ理論の展開 やる気の素顔 ナカニシヤ出版.

林　伸二 (2000). 組織心理学 白桃書房.

ハーズバーグ, F. (1968). DIAMONDハーバード・ビジネス・レビュー編集部 (訳)

(2009). モチベーションとは何か【新版】動機づける力―モチベーションの理論と実践 ダイヤモンド社所収, pp.1-37.

Higgins., E. T. (1987). Self-discrepancy: A theory relating self and affect. *Psychological Review,* 94(3), 319-340.

Higgins, E. T., Bond, R. N., Klein, R., & Strauman, T. (1986). Self-discrepancies and emotional vulnerability: How magnitude, accessibility, and type of discrepancy influence affect. *Journal of Personality and Social Psychology,* 51(1), 5-15.

Higgins, E. T., Roney, C. J. R., Crowe, E., & Hymes, C. (1994). Ideal versus ought predilections for approach and avoidance: Distant self-regulatory systems. *Journal of Personality and Social Psychology,* 66(2), 276-286.

Hollenbeck, J. R., Williams, C. R., & Klein, H. J. (1989). An empirical examination of the antecedents of commitment to difficult goals. *Journal of Applied Psychology,* 74(1), 18-23.

堀野　緑 (1991). 達成動機と成功恐怖との関係 心理学研究, 62(4), 255-259.

井手　亘 (2000). 仕事への動機づけ　外島　裕・田中堅一郎（編）産業・組織心理学エッセンス　ナカニシヤ出版.

Iyengar, S. S., & Lepper, M. R. (1999). Rethinking the value of choice: A culture perspective on intrinsic motivation. *Journal of Personality and Social Psychology,* 76(3), 349-366.

Kamins, M. L. & Dweck, C. S. (1999). Person versus process praise and criticism: Implications for contingent self-worth and coping. *Developmental Psychology,* 35(3), 835-847.

レイサム, G. (2007). 金井壽宏（監訳）依田卓巳（訳）(2009). ワーク・モティベーション　NTT出版.

レビンソン, H. (1970). DIAMONDハーバード・ビジネス・レビュー編集部（訳）(2009). MBO失敗の本質【新版】動機づける力―モチベーションの理論と実践 ダイヤモンド社所収, pp.102-139.

Lepper, M. R., Greene, D., & Nisbett, R. E. (1973). Undermining children's intrinsic interest with extrinsic reward: A test of the "overjustification" hypothesis. *Journal of Personality and Social Psychology,* 28(1), 129-137.

ロック, E. A.・ラザム, G. P. (1984). 松井賚夫・角山　剛（訳）(1984). 目標が人を動かす―効果的な意欲づけの技法―　ダイヤモンド社.

Locke, E.A., & Latham, G.P. (2006). New directions in goal-setting theory. Current Directions in Psychological Science, 15(5), 265-268.

マクレガー, D. (1960). 高橋達男（訳）(1970). 新版 企業の人間的側面 産能大学出版部.
マクレランド, D. C. (1961). 林　保（訳）(1971). 達成動機　産業能率短期大学出版部
マクレランド, D.C. (1987). 梅津祐良・薗部明史・横山哲夫（訳）(2005). モチベーション 生産性出版.
マンゾーニ, J. F. ・ バーソック, J. L. (1998). DIAMOND ハーバード・ビジネス・レビュー編集部（訳）(2002). ダメージ症候群：上司が部下の業績を決める　人材マネジメント　ダイヤモンド社所収, pp.231-267.
Marcus, H. , & Kitayama, S. (1991). Culture and the self: Implications for cognition, emotion, and motivation. *Psychology Review,* 98(2), 224-253.
三隅二不二・山田雄一・南　隆男(編) (1988). 応用心理学講座 I　組織の行動科学 福村出版.
宮本美沙子 (1981). やる気の心理学　創元社.
森　和代 ・ 堀野　緑 (1988). 達成動機とsocial supportとの関係—その1—　日本教育心理学会第30回総会発表論文集, 468-469.
Mueller, C. M., & Dweck, C. S. (1998). Praise for intelligence can undermine children's motivation and performance. *Journal of Personality and Social Psychology,* 75(1), 33-52.
村上　航 (2010). 認知と動機づけ 市川伸一（編）発達と学習　北大路書房, pp104-128.
マァレー, H. A. (1936). 外林大作（訳編）(1961). パーソナリティ I　誠信書房.
南　隆男・浦　光博・角山　剛・武田圭太 (1993). 組織・職務と人間行動—効率と人間尊重との調和—　ぎょうせい.
野村総合研究所 (2008). モチベーション企業の研究　東洋経済新報社.
ノレム, J. K. (2001). 末宗みどり（訳）(2002). ネガティブだからうまくいく　ダイヤモンド社.
Norem, J. K. (2002). The positive psychology of negative thinking. *Journal of Clinical Psychology,* 58(9), 993-1001.
Norem, J.K. (2008). Defensive pessimism, anxiety, and the complexity of evaluating self-regulation. *Social and Personality Psychology Compass,* 2(1), 121-134.
Norem, J. K., & Cantor, N. (1986a). Defensive pessimism: Harnessing anxiety as motivation. *Journal of Personality and Social Psychology,* 51(6), 1208-1217.
Norem, J. K., & Cantor, N. (1986b). Anticipatory and post hoc cushioning

strategies: Optimism and defensive pessimism in "risky" situations. *Cognitive Therapy and Research,* 10(3), 347-362.

フェッファー, J. (1998). DIAMOND ハーバード・ビジネス・レビュー編集部（訳）(2002). 報酬をめぐる六つの危険な神話 人材マネジメント ダイヤモンド社所収, pp.99-131.

Pittman, T. S., Davey, M. E., Alafat, K. A., Wetherill, K. V., & Kramer, N. A. (1980). Informational versus controlling verbal rewards. *Personality and Social Psychology Bulletin,* 6(2), 228-233.

Ryan, R. M. (1982). Control and information in the intrapersonal sphere: An extension of cognitive evaluation theory. *Journal of Personality and Social Psychology,* 43(3), 450-461.

Ryan, R. M., & Deci, E. L. (2000a). Self-determination theory and the facilitation of intrinsic motivation, social development, and well-being. *American Psychologist,* 55(1), 68-78.

Ryan, R. M. & Deci, E. L. (2000b). Intrinsic and extrinsic motivations: classic definitions and new directions. *Contemporary Educational Psychology,* 25(1), 54-67.

桜井茂男（1984). 内発的動機づけに及ぼす言語的報酬と物質的報酬の影響の比較 教育心理学研究, 32(4), 286-295.

Seijts, G. H.. & Latham, G. P. (2005). Leaning versus performance goals : When should each be used ? Academy of Management Executive, 19(1), 124-131.

セリグマン, M. (1990). 山村宜子（訳). オプティミストはなぜ成功するか 講談社文庫.

Solomon, L. J., & Rothbelt, E. D. (1984). Academic procrastination: Frequency and cognitive-behavioral correlates. *Journal of Counseling Psychology,* 31(4), 503-509.

Spencer, S. M., Norem, J. K. (1996). Reflection and distraction: Defensive pessimism, strategic optimism, and performance. *Personality and Social Psychology Bulletin,* 22(4), 354-365.

Stajkovic, A.D., Locke, E.A., & Blair, E.S. (2006). A first examination of the relationships between primed subconscious goals, assigned conscious goals, and task performance. *Journal of Applied Psychology,* 91(5), 1172-1180.

臼井　博（2001). アメリカの学校文化　日本の学校文化―学びのコミュニティの創造 金子書房.

ヴルーム（1964). 坂下昭宣・榊原清則・小松陽一・城戸康彰（訳）(1982). 仕事と

モティベーション　千倉書房.
Wolfgang, C. H., & Brudenell. G. (1982). The many faces of praise. *Early Child Development and Care,* 9, 237-243.

著者略歴

榎本　博明（えのもと　ひろあき）

1955年生まれ。東京大学教育心理学科卒業。

東芝市場調査課勤務の後、東京都立大学大学院心理学専攻に学び、カリフォルニア大学客員研究員、大阪大学大学院助教授などを経て、現在、MP人間科学研究所代表、産業能率大学兼任講師。心理学博士。メンタルマネジメントをベースとした研修・講演を行っている。新たな心理学領域「自己心理学」の提唱者として、ビジネス心理学を展開中。「自分とは何か」に悩む人々に広く支持される心理学の論客。

著書に『「自己」の心理学』(サイエンス社)・『＜私＞の心理学的探求』(有斐閣)・『自己心理学（全6巻）:監修』（金子書房）・『＜ほんとうの自分＞のつくり方』（講談社現代新書）・『つらい記憶がなくなる日』（主婦の友新書）・『「上から目線」の構造』『「やりたい仕事」病』『お子様上司の時代』（以上、日経プレミアシリーズ）・『仕事で使える心理学』（日経文庫）・『自己分析＆心理テスト』（産業能率大学出版部）など多数がある。

MP人間科学研究所　連絡先：mphuman@ae.auone-net.jp

モチベーション・マネジメント　〈検印廃止〉

著　者　榎本 博明
発行者　飯島 聡也
発行所　産業能率大学出版部
東京都世田谷区等々力 6-39-15　〒158-8630
（電話）03（6432）2536
（FAX）03（6432）2537
（振替口座）00100-2-112912

2015年 4 月 30 日　初版1刷発行
2018年 12 月 14 日　2刷発行

印刷所　日経印刷　製本所　日経印刷

（落丁・乱丁はお取り替えいたします）　ISBN 978-4-382-05722-7